陈斐 主编

文章学纂要

蒋祖怡 编著
林岩 整理

华夏出版社
HUAXIA PUBLISHING HOUSE

图书在版编目（CIP）数据

文章学纂要 / 蒋祖怡编著；林岩整理．-- 北京：华夏出版社有限公司，2024.5

（国学通识 / 陈斐主编）

ISBN 978-7-5222-0590-8

Ⅰ. ①文…　Ⅱ. ①蒋…　②林…　Ⅲ. ①文章学一研究　Ⅳ. ① H05

中国国家版本馆 CIP 数据核字（2023）第 211017 号

文章学纂要

编 著 者　蒋祖怡
整 理 者　林　岩
责任编辑　王　敏
责任印制　周　然

出版发行　华夏出版社有限公司
经　　销　新华书店
印　　装　三河市万龙印装有限公司
版　　次　2024 年 5 月北京第 1 版
　　　　　2024 年 5 月北京第 1 次印刷
开　　本　880×1230　1/32
印　　张　9.625
字　　数　216 千字
定　　价　59.00 元

华夏出版社有限公司　地址：北京市东直门外香河园北里 4 号　邮编：100028
网址：www.hxph.com.cn　电话：（010）64663331（转）

若发现本版图书有印装质量问题，请与我社营销中心联系调换。

总序

近期，人工智能和自动化技术迅猛发展，ChatGPT（聊天机器人）横空出世，除了能与人对话交流外，甚至能完成回复邮件、撰写论文、进行翻译、编写代码、根据文案生成视频或图片等任务。这对人类社会的震撼，无异于引爆了一颗“精神核弹”：人们在享受和憧憬更加便捷生活的同时，也产生了失业的恐慌和被替代的虚无感，好像人能做的机器都能做，而且做得更好、更高效，那么，人还怎么生存，活着还有什么意义？

这种感觉并非无源之水、无本之木，而是有着深久的教育、社会根源。长期以来，我们的教育过于专业化、物质化、功利化，在知识传授、技能培训上拼命“鸡娃”，社会也以科技进步、经济发展为主要导向，这导致了人们对“人”的认知和实践都是“单向度”的。现在，“单向度”的人极力训练、竞争的技能，机器都能高效完成，他们怎能不恐慌、失落呢？人是要继续“奋斗”，把自己训练得和机器一样，还是要另辟蹊径，探索和高扬“人之所以为人”的独特品质与价值，成了摆在所有人面前的紧迫问题。

答案显然是后者。目前社会上出现的“躺平”心态，积极地看，正蕴含着从“奋斗”“竞争”氛围中夺回自我、让人更像人而不异化为机器的挣扎。“素质/通识教育”“科学发展观”等理念的提出，也是为了纠偏补弊，倡导人除了要习得谋生的知识、技能外，还要培养博雅的眼光、融通的识见，陶冶完美的人格、高尚的情操；衡量社会发展也不能只论GDP（国内生产总值），而要看综合指数。

这么来看，以国学为核心的中华优秀传统文化，就大有用武之地。孔子早就说过，“君子不器”，“为政以德”（《论语·为政》）。庄子也提醒，“有机事者必有机心。机心存于胸中，则纯白不备”，“神生不定”，“道之所不载也”（《庄子·天地》）。慧能亦曾这样开示：“心迷《法华》转，心悟转《法华》。”（《坛经·机缘》）这些经过数千年积累、淘洗的箴言智慧，可以启发我们在一个日益由机器安排的世界中发展“人之所以为人”的独特品质，从而更好地安身立命、经国济世。可见，国学不是过时的、只有少数学者才需要研究的“高文大册”，而是常读常新、人人都应了解的“通识”。

这套“国学通识”系列丛书，即致力于向公众普及国学最基本的思想观念、知识架构、人文精神和美学气韵等，大多由功底深博的名家泰斗撰写，但又论述精到、篇幅短小、表达深入浅出，有些还趣味盎然、才情四射。一些撰写较早的著作，我们约请当代青年领军学者做了整理、导读或注释、解析，以便读者阅读。

我们的宗旨是弘扬并激活国学，让优秀传统文化滋养智能时代中国人的心灵，同时也期望读者带着崭新的生命体验和问题意识熔古铸今，传承且发展国学。在这个过程中，相信人人都能获得更加全面、自由、和谐的发展，社会也会变得更加繁荣、公正、幸福！

陈斐

癸卯端午于京华

《国学汇纂》新版序

《国学汇纂》十种，是先祖父蒋伯潜和先父蒋祖怡合作撰写的，在1943—1947年由上海正中书局陆续出版。

《国学汇纂编辑例言》的第一条，说明了编撰这套《汇纂》的缘由：

> 我国学术文艺，浩如烟海。博稽泛览，或苦其烦；东挦西扯，复病其杂。本书汇纂大要，别为十种，供专科以上学子及一般程度相当者，阅读参考之资。庶于国学各得其门，名曰《国学汇纂》。

在《例言》中，这十种书的顺序是:《文章学纂要》《文体论纂要》《文字学纂要》《校雠目录学纂要》《诗歌文学纂要》《小说纂要》《史学纂要》《诸子学纂要》《理学纂要》《经学纂要》。出版时也把这十种书按顺序排列，称为《国学汇纂》之一到《国学汇纂》之十。

这十种书中的《文章学纂要》《文体论纂要》《文字学纂要》

《校雠目录学纂要》《诗歌文学纂要》《小说纂要》属于语言文学范畴,《史学纂要》属于史学范畴,《经学纂要》《诸子学纂要》《理学纂要》属于哲学范畴。也就是说，这十种书，涉及了中国传统的文、史、哲的基本方面，是国学的基本知识。

总起来说，这十种书有三方面的内容：

（一）介绍基本知识。这十种书，每一种都是一个单独的学科领域，涉及的范围非常广，有关的知识非常多。为了适合读者的需要，作者对有关知识加以选择、概括、组织，把一些最基本的知识以很清晰的面貌呈现在读者面前，使读者既不苦其烦，也不病其杂。

（二）阐述作者观点。这些学术领域都有不同学术观点的争论，或者有不同的学派。面对这些不同观点，初学者可能感到无所适从。作者对这些问题介绍了不同观点，并阐述了自己的看法。这有助于读者了解这些学科历史发展的过程，也有助于读者从不同的侧面来看待和掌握这些基本知识。

（三）指点学习门径。这十种书都是入门之学。读者入了门以后，如何进一步学习？这十种书常常在介绍基本知识和阐述作者观点的同时，给读者指点进一步学习的门径。如提供一些参考资料，告诉读者进一步学习该从何入手，需注意什么问题等。

这些对于初学者都是十分有用的。所以,《国学汇纂》出版后很受欢迎。著名学者四川大学教授赵振铎曾对我说：你祖父和父亲的那两套书（指《国学汇纂》十册和《国文自学辅导丛书》十二册),

我们当时在中学里都是很爱读的。我很感谢赵先生告诉我这个信息。

《国学汇纂》不仅在上个世纪的四十年代末出版后受欢迎，在以后也一直受到欢迎。1990 年，北京大学出版社重印了《校雠目录学纂要》。1995 年，我在台北看到的《文字学纂要》已经是第二十九次印刷。2014 年《小说纂要》收入《民国中国小说史著集成》第九卷，由南开大学出版社出版。首都经济贸易大学出版社的领导和编辑蓝士斌先生很有眼光，看到了《国学汇纂》的价值，在 2012 年重印了《文字学纂要》，2017 年重印了《诸子学纂要》，2018 年重印了《文章学纂要》。这些都说明这套书并没有过时。

但《国学汇纂》一直没有完整的再版，这是一件憾事。很感谢主编陈斐先生和华夏出版社有限公司，决定把《国学汇纂》作为《国学通识》的第一辑出版。他们约请相关领域的青年学者对《国学汇纂》的每一种都细加校勘，而且撰写了“导读”。“导读”为读者指出了此书的特色和重点，以及阅读时应注意的问题。这就给这套七十年前出版的《国学汇纂》赋予了新的时代气息。

在此，我对陈斐主编、各位整理并写“导读”的专家和华夏出版社有限公司表示深切的感谢！我相信，广大读者一定会欢迎这套新版的《国学汇纂》。

蒋绍愚

2022 年 5 月于北京大学

《国学汇纂》编辑例言[○]

一、我国学术文艺，浩如烟海。博稽泛览，或苦其烦；东挦西扯，复病其杂。本书汇纂大要，别为十种，供专科以上学子及一般程度相当者，阅读参考之资，庶于国学各得其门，名曰国学汇纂。

二、文章所以代口舌，达心意，为人人生活所必需，而字句之推敲，章篇之组织，意境之描摹，胥有赖于文法之活用，修辞之技巧；至于骈散之源流，语文之沟通，亦为学文章者所应谙悉。述《文章学纂要》。文体分类，古今论者，聚讼纷纭，而各体之特征、源流、作法，更与习作有关，爰折中群言，阐明体类，附论风格，力求具体。述《文体论纂要》。

三、研读古籍之基本工夫，在文字、目录、校雠之学。我国研究文字学者，声韵形义，歧为两途；金石篆隶，各成系统；晚近龟甲之文，简字拼音之说，益形繁杂；理而董之，殊为今日当务之急。而古籍文字讹夺，简编错乱，书本真伪，学术部居，校勘整理，尤当知其大要。述《文字学纂要》及《校雠目录学纂要》。

四、我国古来文艺以诗歌、小说为二大主流，戏剧则曲词煦育于诗歌，剧情脱胎于小说。而诗歌之演变，咸与音乐有关，其间盛衰递嬗，可得而言。至于小说，昔人多不屑置论，晚近国外文学输入，始大昌明。而话剧亦骎骎夺旧剧之席。述《诗歌文学纂要》及《小说纂要》。

五、我国史书，发达最早，庞杂最甚，而史学成立，则远在中世以后，且文史界限，迄未厘然；至于诸史体制，史学源流，亦罕有理董群书，抽绎成编者。是宜以新史学之理论，重新估定我国之旧史学。述《史学纂要》。

六、我国学术思想，以先秦诸子为最发展，论者比之希腊，有过之无不及也。秦汉以后，儒术定于一尊，虽老庄玄言复昌于魏晋，而自六朝以至五代，思想学术，俱无足称。宋明理学大盛，庶可追迹先秦，放一异彩。述《诸子学纂要》及《理学纂要》。

七、六经为我国学术总会。西汉诸儒承秦火之后，兴灭继绝，守先待后，功不可没。洎其末世，今古始分。东汉之初，争论颇剧。及今古混一，而经学遂衰。下逮清初，始得复兴。乾嘉之学，几轶两汉。清末今文崛起，于我国学术思想之剧变，关系亦颇切焉。述《经学纂要》。

八、军兴以来，倏已四载，典籍横舍，多被摧残，得书不易，读书亦不易。所幸海内尚存干净土，莘莘学子，未缀弦歌。编者局处海隅，自惭孤陋，纵欲贡其一得之愚，罣误纰谬，自知难免，至希贤达，予以匡正！

目录

导读

自古以来，在中国文学的正统观念里，文章总是居于最重要的地位，以至于魏文帝曹丕曾说：“盖文章，经国之大业，不朽之盛事。年寿有时而尽，荣乐止乎其身，二者必至之常期，未若文章之无穷。”（《典论·论文》）可谓推崇备至。一般来说，“文章”可有广、狭二义。广义，几乎可以包括一切具有文采的书面表达形式；狭义，则排除诗歌、词曲等韵语表达文体，主要以散文、骈文为大宗，这也是较为通行的看法。

因为文章受到高度重视，自古以来论述、评选文章的著作也就特多，且形成不同的流派，故而遂有“文章学”之出现，《文心雕龙》无疑就是一部中国早期的文章学代表性著作。自宋代以降，随着文章选本、文话著作的大量出现，文章学的发展更是蔚为大观。但是，进入二十世纪，随着“白话文学”的兴起，传统的文章学一度被轻视，甚至被忽视，明显遭到了冷落。尽管如此，仍有一些旧学素养深厚的学者，一方面吸收新知，以新的眼光来审视传统的文章学知识体系；另一方面，又能以“整理国故”的态度，从传统文献、古人论述中披沙拣金，按照新的知识框架，来重新阐发传统文章学的内在精髓，使其重新焕发生命力。蒋祖怡先生的《文章学纂要》，便是这样一本新知与旧学相融合的佳作。它虽然刊行于二十世纪四十年代初，但至今仍可研读玩味，尤其对于现代读者来说，或可由此入门，一窥古代文章学的堂奥。

一、蒋祖怡其人

蒋祖怡（1913—1992），浙江富阳人，出生于一个书香家庭，父亲是著名学者蒋伯潜（1892—1956）。蒋伯潜先生早年就读于北京师范高等学校，师从钱玄同、马叙伦、鲁迅等学术大家，打下了深厚的国学功底，读书时期又经历了“五四运动”，得到过新思潮的洗礼。早年在浙江省内的多所中学任教，抗战爆发后，辗转到上海，历任大夏大学国文系、无锡国学专修学校文学系教授，并兼任世界书局编审。抗战胜利后，出任上海师专中文系教授，还一度担任过杭州师范学校的校长。他以其深厚的学养，撰写了《十三经概论》《诸子通考》等书，并以此享誉学林，成为著名学者。可以说，蒋祖怡的成长、治学，是有其家学渊源的。

生长在这样的家庭，蒋祖怡很早就表现出了对于文学的喜爱。他在杭州就读高中时，就在文艺刊物上发表了短篇小说《吉祥寺的钟声》等文学作品，并受到了郁达夫的称赞。1937 年，他从无锡国学专修学校毕业，次年应聘到上海世界书局任编辑，从此开始了自己一生的著述生涯。

在世界书局任职期间，因为其父蒋伯潜正好在上海教书，于是父子二人合作，编了一套中学国文的自学辅导读物，1940—1943年，由世界书局陆续出版，其中,《字与词》《章与句》《小说与戏剧》《骈文与散文》《诗》《词曲》皆由蒋祖怡撰写。

1941年，太平洋战争爆发，日军开进上海租界。蒋氏父子决定携妻儿一同离开上海。恰好此时，朱自清托人转来书信，邀请蒋伯潜去西南联大任教，而蒋祖怡也接到金兆梓的邀请，让他去中华书局（其时即将迁至金华）任职。于是，父子二人变卖家具、筹措了旅费之后，准备离沪返浙。他们1942年4月1日启程，孰料刚进入火车站，就陡生变故。蒋伯潜为去西南联大授课而撰写的《校雠目录学纂要》讲稿，原先藏在蒋夫人的衣袖内，此时被日本宪兵查出。蒋氏父子因此被拖入火车站的地下室，遭受严刑拷打，历经两昼夜，后在上海亲友的营救下，二人才得以释放，回到杭州。当时，杭州已被日军占领，蒋氏一家不愿生活在沦陷区，于是又冒着生命危险，深夜偷渡钱塘江，最终返回老家富阳。

1942年，蒋祖怡曾撰写《乱离杂诗》二十五首，其中就有两首写到了这段悲惨而惊险的经历：

一声吆喝虎狼俦，父子同为阶下囚。

自古沉冤文字狱，忍心待死复何求？

扁舟一叶渡钱塘，月黑风高夜正长。
不管枪声与恶浪，拼将热血荐炎黄。[①]

回到富阳老家之后，他们才知道金华和江西均已陷落，西南道阻，昆明无法成行，于是蒋氏一家人只得在乡间闲居下来，生活甚至一度陷入困顿。后来，他们得以与正中书局订立编辑合同，在山河破碎、国事飘摇之际，父子二人再次合作，完成了一套“国学汇纂丛书”十种，其中蒋祖怡承担了《小说纂要》《史学纂要》《诗歌文学纂要》《文章学纂要》的撰写。这套书后来由重庆正中书局于1944—1946年间陆续出版，连同之前刊行的自学辅导读物，在当时影响甚大，几乎成为许多文学青年的案头必备读物。

1945年抗战胜利后，蒋氏一家从富阳返回上海，蒋祖怡在正中书局任编审，主编《新学生》，同时兼任上海市立新陆师专中文系副教授。1948年夏，他应邀到浙江大学中文系任教，不久迎来杭州的解放。1952年，浙江大学文理各系成立浙江师范学院，1958年，又与杭州大学合并。从1952年直到“文革”之前，

① 蒋绍愚：《蒋伯潜教授传略》，收入蒋祖怡《中国古代文论的双璧——〈文心雕龙〉〈诗品〉论文集》附录一，山东教育出版社1995年版，第271—272页。

蒋祖怡一直在浙江师范学院、杭州大学中文系任教，并担任副系主任。

“十年动乱”期间，蒋祖怡遭受冲击和迫害，折齿损腰，两度中风，右腿骨折，半身瘫痪，家中书籍和手稿被抄。虽然遭此劫难，他仍然治学不辍、埋头著述。在“文革”结束后的十余年内，他先后完成了许多学术著作，举其重要者，如:《王充卷》(中州书画出版社，1983)、《文心雕龙论丛》(上海古籍出版社，1985)、《诗品笺证》(中州古籍出版社，1995)、《中国古代文论的双璧——〈文心雕龙〉〈诗品〉论文集》(山东教育出版社，1995)。另外，他还与张涤云合作完成《全辽诗话》(岳麓书社，1993)，与蒋祖勋合作完成《郁达夫旧体组诗笺注》(杭州大学出版社，1993)。当然，有些著作是在蒋祖怡去世以后才得以整理出版的。

究其一生，在新中国成立前，因为任职书局的关系，蒋祖怡撰写了一大批面向普通读书人的学术性普及读物，而在新中国成立之后，他主要围绕《论衡》《文心雕龙》《诗品》进行了较为深入的研究，因而在古代文论方面颇有建树。

二、《文章学纂要》其书

作为长期在书局任职的学者型编辑，蒋祖怡无疑具有丰富的从业经验，知道社会的需求、读者的需求是什么，以及何种学术读物可以契合一般读书人的口味；而他的家学渊源、自身的学术素养，也让他得以在编纂普及性学术读物时，可以得心应手、驾轻就熟。正是因为蒋祖怡是这方面的行家里手，他从未轻视过普及性学术读物的工作。对于《文章学纂要》的撰写，他在“绪说”中曾发表了这样的看法：

> 固然，文章是变化多端的东西，一定要用什么法则来衡量，似乎太笨拙。但是按之古今文章及评论文章的话，归纳出一个原则来，也未尝不可以。近代有人颇主张废去一切的文法修辞及文章法则，以为这些都有害于性灵的，应该以“拈花微笑”的妙悟方式出之。当然，斤斤于法则上的检讨，在天才者看来，是不甚惬意的事，但是人有几个能够在“拈花微笑”时立刻妙悟呢？所以文章有法则，但也不是一成不变的。

你看，他是以一种比较通达的眼光来看待文章学的：文章当然有法则，也可以进行学术上的归纳、总结，但实际的文章写作不一定要拘泥于这些成法。所以，他的这本书，摒除旧有文章学的笼统与抽象，避而不谈什么“文气”说，而是以新的眼光来透视旧的文章学知识体系，重新提炼整合，使之在新的知识架构下，可以获得一个新的理解和运用。

全书共二十章，除去第一章“绪说”讲说著述宗旨之外，余下各章，大体可分为四大版块，各有侧重：

二至七章，主要是介绍有关单字与语词的基本知识。首先，简要说明了中国文字的造字原则以及字体的演变、字义的变化，并举例说明了修辞中文字运用的各种变化情形；其次，则讲述字音因何发生变化，并着重介绍了何谓“反切”。这些内容在传统上都是属于所谓“小学”的知识，即文字、音韵之学。接下来，则就语词的构成原则、词性的分类及其活用，进行了阐述，由此过渡到了文法修辞的范畴。书中对于实数与虚数之分别，运用丰富的例证，着重进行了分析，这主要是因为古代文献中涉及实数、虚数的运用，颇为复杂。比较独特的是，书中将遣词运用的方法分为两个方面：消极方面，就是要做到“明白、准确、平易”；而积极方面，则是要做到“适用、生动”。这显然有别于传统文章学追求典雅的主张，显示了现代文学观念的影响。

八至十三章，前两章主要是讨论句子的结构与变化。在句式变化方面，尤其花了较多篇幅来讨论对偶的问题，因为对偶是古人文章写作最常见的修辞技巧之一。接下来，则分别就譬喻、夸饰、借代等修辞手法，逐一分析、阐述。书中不仅讨论了明喻、暗喻的区别，还专门讨论了寓言的独特用法；对于夸饰，则分为正夸饰、反夸饰进行讨论；对于借代，则区分了不同的方式。当然，这些在现代都已经成为常识，但是论述中的举例，却是新颖而有趣的，因为全部来自古代文献，是古人的用法。对于造句上应注意的事项，书中提出了三个基本条件：一是明白，二是和谐，三是生动，并就如何能做到这三点，给出了相当具体而有建设性的意见。

十四至十八章，则研讨整篇文章的结构布局，以及写作上应当注意的几个方面。书中对于文章的开端与作结，做了相当细致的分析、归纳，尤其注意到记叙文、论说文、描写文，因为题材类型不同，而有写法上的差别化处理。作者特别强调说：

> 开端与结尾，都是文人们所苦心经营的事。他们就题材来研究，如何可以从适当的地方展开，从适当的地方终止；又如何可以不同凡俗，不为人讨厌。他们正和全篇的结构同样地为作者所操心，并不是几个叹词、俗调可以解决的。

接下来，作者对于动作描写、感情抒发，在做了类型化处理的基础上，同样给出了一些有益的建议。而对于文章的题目，书中也进行了专门的分析，尤其对古人文章题目的两种弊病进行了直言不讳的批评，一种是影戳别人的作品，一种是标明学别人的作品。作者认为这两种做法，几乎等于无题。作者对于如何拟定题目，给出的原则则是“准确、平易”。

最后的两章，冠以“文章流变”的题目，实际上可以视为一部从古到今的文章演化简史，尤其是围绕文学史上骈文与散文的分合关系、起伏消长的变迁大势，进行了简明扼要的勾勒。最后对于历史上的言、文（口头语言与书面语言）关系阐述了自己的观点，并追溯了早期白话文学的出现，以及现代白话文学的兴起。

毫无疑问，本书并不是一部汇总传统文章写作技巧的写作指南，而是立足于现代语言学、修辞学知识立场，对旧有的文章学知识体系进行重新建构的学术性入门之作。它更多地体现了现代学术引入中国以来，学者对旧有学问脱胎换骨式的改造。

三、新与旧的融合

作为生活于二十世纪的现代学者，在西方知识大量引入、旧有学术体系全面瓦解、新的学术体系逐渐成形的大背景下，他所接受的学术训练、习得的知识素养，必然会体现在他对旧学的处理方式上。就《文章学纂要》而言，作者无疑拥有了新的知识框架、新的学术观念，但他不只是一味地求新，而是能将旧式学问进行消化之后，融入新的知识架构中，从而实现旧学的重生。

简单翻阅全书，我们不难觉察到作者已经具备新式的学术眼光、新式的知识框架。书中对于字词知识的介绍、对于句式结构的归纳、分析，对于篇章结构、修辞手法、写作技巧的提炼、总结，在在都可以看出，它的背后完全是以现代的语言学、修辞学知识作为支撑，包括一些概念的使用，完全是来自现代的、西式的文法知识。不仅如此，通观全书，作者在重新架构文章学知识体系时，也秉持了一种新的文学观念，而这种文学观念，明显是“五四运动”以来思想启蒙、文学革命的产物。例如，书中在论及遣词的方法时，追求的是“明白、准确、平易、适合、生动”，而在论及造句应注意的三个方面时，则提出需做到“明白、和谐、生动”，而在论及文章题目的拟定时，则要求做到“准确、平易”。从这些几乎一致的要求中，明显可以看出，作者对于传统文章学著作中所追求的典雅化、形式美，缺乏足够的兴趣，而致力于推动文章写作的简洁、明晰、准确、生动、有趣，而这些都是白话文学运动中，所致力追求的目标。也就是说，作者是有意地在用新的文学观念来改造旧的文学观念。

尽管此书的宏观架构、主导观念是新的，但是细读全书，却又处处可以看到“旧”的存在，通过古代文献的摘录、传统典籍中语言现象的呈现、古人精彩论述的引用，这些旧学知识，经过作者的巧妙点化，又一一活灵活现地被赋予了生命。仅就翻阅所及，举例言之：

一是古人关于文章写作的精妙分析、精彩论断，多在书中被引用。刘勰的《文心雕龙》、刘知幾的《史通》、陈骙的《文则》、章学诚的《文史通义》，都是多次被引用的著作，在书中往往起到了画龙点睛的作用，让我们知道古人并不迂腐，他们对于文章写作的理解，也有与现代人共通的地方。

二是所引用的例证，大多来自古代典籍，如《尚书》《左传》《孟子》《庄子》《韩非子》《史记》之类。虽然书中也会引用一些现代文学作品，但数量极少，对于现代读者来说，这多少能够激发其阅读古籍的兴趣。

三是在讲述一些逸闻趣事时，古代的笔记、小说，常常被信手拈来，如《世说新语》《坚瓠集》《清稗类钞》都有引用，宋人笔记如《梦溪笔谈》《青箱杂记》《曲洧旧闻》等等，也多见于笔下。

四是涉及一些学术考证时，则多引用学术笔记，如宋人洪迈之《容斋随笔》，清人钱大昕之《十驾斋养新录》、陈澧之《东塾读书记》、俞樾之《古书疑义举例》之类，时见引述。

五是对于古代之诗话、文话，多能采撷精华，以为佐证，互相发明。如宋人叶梦得《石林诗话》，明人王世贞《艺苑卮言》，清人陈维崧《四六金针》、孙德谦《六朝丽指》，近人林琴南《畏庐论文》之类，随处可见。

即使粗略翻阅一过，读者们也会大致获得一个突出的印象，即此书中大量的文献征引，都是来自古籍文献，所举的文章事例，也绝大多数是古典诗文，而尤以早期经典为主。我想，这在某种程度上，或许是作者刻意为之。因为，正是通过这样的方式，才能实现“以故为新”“化腐朽为神奇”，在举世向慕新学、新知的氛围中，让人们意识到，不仅可以古为今用，而且可以做到古今互通、古今互鉴。在我看来，这正是此书最成功的地方，也是最有参考价值的地方。

最后，关于此书的整理，略说几句。《文章学纂要》一书，新中国成立前由正中书局出版发行，后收入《民国丛书》。在其版权页上，虽有 1942 年“渝初版”、1946 年“沪初版”之分，但前者极难见到，常见者多为后者。本次整理，即以 1946 年“沪初版”为底本。但该底本多有错讹缺漏，尤其是征引古籍时，随意截取拼接，容易误导学者；又有文字讹脱或漫漶之处，几不可解。故此次整理，尽量查考原书，对勘比照，寔正文字，并出以校记，以便核验。另需特别说明的是，本次整理依据丛书主编的整理细则进行，遵循“只校是非，不校异同”的原则，故而书中征引文字，有与通行本歧异之处，皆是为了保留原书面貌。

学识謭陋，或有卤莽灭裂之处，还望高明君子，多加赐教。

林　岩

2023 年 6 月 28 日，凌晨两点完稿

北大文研院，静园二院 205 室

第一章○

绪说

“文章”两字底本义，即“彣彰”，是文彩的意思。《考工记》:“青与白谓之文，赤与白谓之章。”许慎《说文解字》中也说:“文，错画也，象交文。”都是解释作文彩的，后来引申作“文辞”讲，和“文采”两字一样。《礼·乐记》:“广其节奏，省其文采。”疏:“文采，谓乐之宫商相应，若五色文采。”而司马迁《报任安书》中亦作“文辞”解:“文采不表于后世。”现代所用，都是它们底引申义。“文采”“文辞”“文章”三者底意义是相近的。

《史记·孔子世家》:“约其文辞而指博[①]。”杜甫诗:“平生感意气，少小爱文辞。”文章是代表语言的，所以也可以称作“文辞”。《论语》中说“辞达而已矣”，即以辞代“文章”。《左传》中也有“言之无文，行之不远”的话，它将“言”和“文”混在

---

① 博 底本作“溥”，据《史记》(P.1943)改。

一起讲，可见文章和语言关系之密切了。我以为三代以前言语和文章一致，语文并不分途，这也是一个证据。

由此看来，文章和天分有关，也和个性有关。清代主张“性灵说”的袁枚，便以为乡民村女所哼出的歌辞，有的也是“绝妙好辞”，并不一定要博学通儒才能够做出来的。他说：“有读破万卷不得其阃奥者，有妇人女子、村氓浅学偶有一二句，虽李杜复生，必为低首者。”照他底话看来，我们不必学做文章而写出来的一定非常佳妙了。但是这又不尽然。我们不是天才，不能舍弃了规矩方圆而单重灵感，因此，也不能忽略于作文方式的探讨的。

古人常常以为文章之道是非常奥妙的，“神而明之，存乎其人”，“只可意会，不可言传”。古人说：“文章本天成，妙手偶得之。”为什么在他们眼光里看来，文章是如此神秘的东西呢？这不外乎两个原因。第一，因为他们作文的目的是学古，脱离了现实而专拟古人，便难以逼真，不能逼真，便慨然兴叹，说文章之不易作了。扬雄在他底《解难》中说：

> 昔人有观象于天，视度于地，察法于人者，天丽且弥，地普而深，昔人之辞，乃玉乃金。

因为“昔人之辞，乃玉乃金”了，便不得不造《法言》来学《论语》，造《太玄》来学《易经》。《法言》中又说“不合乎先王之法者，君子不法也”，也是这个意思。明代是专事拟古的时期，王世贞在他底《艺苑卮言》中提出他底模仿论道：

李献吉劝人勿读唐以后文，吾始甚狭之，今乃信其然耳。记闻既杂，下笔之际，自然于笔端搅扰，驱斥为难。若摹拟一篇，则易于驱斥，又觉局促，痕迹宛露，非斫轮手。自今而后，拟以纯灰三斛细涤其肠，日取六经、《周礼》、《孟子》、《老》、《庄》、《列》、《荀》、《国语》、《左传》、《战国策》、《韩非子》、《离骚》、《吕氏春秋》、《淮南子》、《史记》、《汉书》，西京以还，至六朝及韩柳，便须铨择佳者，熟读涵泳之，令其渐渍汪洋。遇有操觚，一师心匠，气从意畅，神与境合，分途策驭，默受指挥，台阁山林，绝迹大漠，岂不快哉？

这种刻意求古之说，明代最为盛行，所以清代侯方域底《壮悔堂文集》评论他们：

明三百年之文，拟马迁，拟班固，进而拟《庄》《列》，拟《管》《韩》，拟《左》《国》《公》《穀》，拟《石鼓文》《穆天子传》，似矣；卒以谓唐宋无文，则可谓溺于李梦阳、何景明之说，而中无确然自信者矣。

第二，以为文章是“敷赞圣旨”的工具，因此文章便成为一种至高无上的东西，而“神而明之”了。“敷赞圣旨”之说，始于刘勰。《文心雕龙·序志》篇中说：

> 敷赞圣旨，莫若注经，而马郑诸儒，宏之已精，就有深解，未足立家。唯文章之用，实经典枝条，五礼资之以成，六典因之致用，君臣所以炳焕，军国所以昭明，详其本源，莫非经典。

到了唐代，韩愈乃益张其说，以为“愈所能言者，皆古之道”，“文宜师古圣贤人”，“师其意，不师其辞”。《新唐书·文艺传[①]》中也说他“擩哜道真，涵泳圣涯，韩愈倡之”。宋代欧阳修也有类似此种冠冕堂皇的话，他在《答吴充秀才书》中说：

> 盖文之为言，难工而可喜，易悦而自足。世之学者，往往溺之。一有工焉，则曰吾学足矣……孔子老而归鲁，六经之作，数年之顷耳……大抵道胜者，文不难而自至也。故孟子皇皇不暇著书，荀卿盖亦晚而有作……后世之惑者，徒见前世之文传，以为学文而已，故用力愈勤而愈不至……若道

① 文艺传 底本作“艺文志”，以下引文出自《新唐书·文艺传》，据《新唐书》（P.5725—5726）改。

之充焉，虽行乎天地，入于渊泉，无不之也。

南宋真德秀有《文章正宗》，以“穷理致用”为文章的功用，“夫士之于学，所以穷理而致用也”。清代方苞倡“古文义法”之说，更强调了这种传统观念，他《与申谦居[1]》一书中说：

古文本经术而依于事物之理，非中有所得不可以为伪。韩子有言：“行之乎仁义之途，游之乎《诗》《书》之源。”兹乃所以能约六经之旨以成文，而非后世文士之所可比也。

自从韩愈以后，这种观念直深入于人心。即自以为较方苞眼光廓大的曾国藩，也不免有此成见。这也和帝制时代的环境很有关系。他说：

古之知道者，未有不明于文字……所贵乎圣人者，谓其立行与万物相交错而曲当乎道，其文字可以教后世也。吾儒所赖以学圣贤者，亦借此文字，以考古圣之行，以究其用心之所在。

自古迄今，一直相传，认为这种说法是颠扑不破的大道理。因此

---

① 申谦居　底本作“申居谦”，以下引文出自方苞《答申谦居书》，据《方苞集》(P.164)改。

认为做文章是一件非常艰深伟大的工作，因为这种工作是和圣贤之道有关系的。

由于上面这两种原因，文章变成为至高无上而神妙莫传的秘宝。于是字字就有其出典，语语求其神似古人底语气。文章既然和语言有密切的关系，便应该和它发生联系，为什么还要唯古是求？为什么一定要使它成为“赞圣”“载道”“穷理”的工具呢？梁简文帝《与湘东王书》中说得好：“夫六典三礼，所施则有地；吉、凶、宾、嘉，用之则有所。夫闻吟咏性情，反拟《内则》之篇；操笔写志，更摹《酒诰》之作。迟迟春日，翻学《归藏》；湛湛江水，遂同《大传》。”唐刘知幾底《史通·言语》篇中有更精辟的意见：

> 夫三《传》之说，既不习于《尚书》；两《汉》之词[①]，又多违于《战策》。足以验氓俗之递改，知岁时之不同。而后来作者，通无远识，记其当时口语，罕能从实而书，方复追效昔人，示其稽古。是以好丘明者，即遍摹《左传》；爱子长者，则全学《史公》。用使周秦言辞，见于魏晋之代；楚汉应对，行乎宋齐之日。而伪修混沌，失彼天然，今古以之不纯，真伪由其相乱。

① 词　底本作“制”，据《史通通释》（P.150）改。

他所论言语文章之关系，甚为明确，从此可知专事学古的不应该了。至于文章之用既以代语言，自然必须言之有物。从“为艺术而艺术”，以进于“为社会而艺术”，文章应跟着时代潮流走，这是毫无疑义的事。但所载之物，是否必为圣贤之道，却是值得研讨的一个问题。如果一切“赞圣”之作方可称为文章，如果一切“拟古”之文方可称为文章，那么文章和语言便成为不相关系的东西了。而宋儒又何以有“工文则害道”的话，而有“语录体”的写作？所以后世“典雅”两字，害了许多人，使文章变成了晦涩。提倡音韵之说的沈约也有文章当从“三易”之说。白居易、元稹也求造语平易。至明代公安、竟陵更进而有“我写我口”之主张。自黄遵宪出，而有以诗写近事，不复作拘迂的议论，他底《杂感》五篇之一云：

大块凿混沌，浑浑旋大圜，隶首不能算，知有几万年？羲轩造书契，今始岁五千，以我视后人，若居三代先。俗儒好尊古，日日故纸研，六经字所无，不敢入诗篇。古人弃糟粕，见之口流涎，沿习甘剽盗，妄造丛罪愆。黄土同抟人，今古何愚贤！即今忽已古，断自何代前？明窗敞琉璃，高炉爇香烟，左陈端溪砚，右列薛涛笺，我手写我口，古岂能拘牵？即今流俗语，我若登简编，五千年后人，惊为古斓斑[①]！

这些话，一般“以文载道”“以古为事”的文人们做梦也不会想到的。但是一般人对于文章始终以为是使自己扬名万世的工具。如魏文帝所说的“文章者，经国之大业，不朽之盛事。年寿有时而尽，荣乐止乎其身，二者必至之常期，未若文章之无穷。是以古之作者，寄身于翰墨，见意于篇籍，不假良史之辞，不托飞腾之势，而声名自传于后”，竟将写文章当作一件包罗万象的伟大工作了。其实文章是代口舌的，是抒发自己底思想与感情的，只是日常生活上一个不可缺少的项目。它底功用倒不在“经纶宇宙”和“名传万世”。他们既将它估计得太高，便供奉之如神明，反而失却了文章本来的目的。

因此，古人不常用科学的方法来衡量文章，论作文，也只是谈到一点抽象的议论。最常见到的是“文气”的议论，以为文气与学问有关。其实所谓“文气”即是语气。文章底流利和屈折与语气有关系。“文气”底流利，即语气的顺利；“文气”底强弱，也和语气之轻重成正比。自从言语文章分为两途之后，于是这两者也就分了家，然而两者的关系却是存在的。曾子说“出辞气，斯远鄙倍矣”，明明是指语气而言的。孟子说“我知言，我善养吾

① 斓斑　底本作“斑烂”，据《人境庐诗草笺注》（P.43）改。下文径改。

浩然之气”，以“气”和“知言”并论，也指语气的。三代以后，言语文章分为两途，于是有“文气”之说。魏代三祖论文，如“徐幹时有齐气”“孔融体气高妙”，即是现代所说的“风格”。《典论》中始有专论“文气”的一节话：

> 文以气为主，气之清浊有体，不可力强而致。譬诸音乐，曲度虽均，节奏同检，至于引气不齐，巧拙有素，虽在父兄，不能以移子弟。

这里所谓“气”，即刘勰《文心雕龙》中的所谓“风骨”，李白诗中的“蓬莱文章建安骨”。《文心雕龙·风骨》篇：

> 昔潘勖锡魏，思摹经典，群才韬笔，乃其骨髓峻也；相如赋仙，气号凌云，蔚为辞宗，乃其风力遒也……故魏文称：“文以气为主，气之清浊有体，不可力强而致。”故其论孔融则云“体气高妙”，论徐幹则云“时有齐气”，论刘桢则云“有逸气”。公幹亦云：“孔氏卓卓，信含异气，笔墨之性，殆不可胜。”并重气之旨也。

足见魏文帝所谓“气”即是“风格”了。钟嵘《诗品》又称作“风力”，名称虽异，而所代表的意念是相同的。《文心雕龙》中另有《养气》一篇，和前面的几说不同，和后代所谓“文须养气”之说相近：

> 夫耳目鼻口，生之役也；心虑言辞，神之用也。率志委和，则理融而情畅；钻砺过分，则神疲而气衰。

又论养气的方法道：

> 思有利钝，时有通塞，沐则心覆，且或反常，神之方昏，再三愈黩。是以吐纳文艺，务在节宣，清和其心，调畅其气，烦而即舍，勿使壅滞。意得则舒怀以命笔，理伏则投笔以卷怀，逍遥以针劳，谈笑以药倦，常弄闲于才锋，贾余于文勇，使刃发如新，腠理无滞，虽非胎息之迈术，斯亦卫气之一方也。

到了韩愈，谈“文气”便抽象化了。他说：“气，水也；言，浮物也[①]。水大而物之浮者大小毕浮，气之与言亦犹是也，气盛[②]则言之短长与声之高下皆宜。”他底门人李翱也本其说道：“义深则意远，意远则理辨，理辨则气直，气直则辞盛，辞盛则文

① 言，浮物也　底本脱，据《韩昌黎文集校注》（P.171）补。

② 盛　底本作“顺”，据《韩昌黎文集校注》（P.171）改。

工。”而柳宗元《答韦中立书》中更有许多玄妙的议论，所谓“昏气”“矜气”“厉其气”等等，完全在说抽象的话了。他以为“气”和“道”是一件事。此外关于养气的话很多，但终于逃不出那么一套。而所谓修养，也无非是要参透圣人之道，所谓“行之乎仁义之途，游之乎《诗》《书》之源”，“不蓄道德，不能工文章”，“文章当从六经来”，“文者所以明道”，如此而已。元元好问《论诗》:“鸳鸯绣出从君看，不把金针度与人。”[①]自己对写作有了经验，而秘不告人，这几乎是古代文人的习惯了。

试将历代论文章的专著加以研讨，最早的要算刘勰的《文心雕龙》了。这书上半册说文章的体制，下半册说到作文上底几个原则，里面有许多特殊的见[②]解。同时又有任昉《文章缘起》，现存者已非原本。此外，宋陈骙有《文则》，李耆卿有《文章精义》；元王构有《修辞鉴衡》[③]，陈绎曾有《文说》；明方以智有《文章薪火》；清刘熙载有《文概》……它们底缺点或是空洞的理论，或是缺乏系统。专论作文中一部分问题的，如元[④]代卢以纬底《助语辞》；清王济师底《虚字启蒙》，王引之[⑤]底《经传释词》。这些又嫌太专。光绪二十四年，马建忠底《马氏文通》问世，是中国

① 元好问《论诗》此句原作:“鸳鸯绣了从教看，莫把金针度与人。”据《元好问诗编年校注》(P.1869)注。

② 见 底本脱，据文意补。

③《修辞鉴衡》 底本作《修词论衡》，据《四库全书简明目录》(P.882)改。

④ 元 底本作“明”，据《助语辞集注·前言》(P.1)改。

⑤ 之 底本脱，据史实补。

第一部讨论文法的专著。以古代文辞作文法上的检讨，这不能不说是以科学方法解剖文章的一册伟构。但是偏于文法，也嫌范围太小。近年以来，文法、修辞均已成为独立的一种学问，而学者又大抵拘于成法而不知变。其他论文章作法之书，也是“汗牛充栋”，其中有的等于文体论，或者专论作文中一个问题，有的也只是抽象的议论。

固然，文章是变化多端的东西，一定要用什么法则来衡量，似乎太笨拙。但是按之古今文章及评论文章的话，归纳出一个原则来，也未尝不可以。近代有人颇主张废去一切的文法修辞及文章法则，以为这些都有害于性灵的，应该以“拈花微笑”的妙悟方式出之。当然，斤斤于法则上的检讨，在天才者看来，是不甚惬意的事，但是人有几个能够在“拈花微笑”时立刻妙悟呢？所以文章有法则，但也不是一成不变的。

普通论文，往往着重于形式，但言形式也嫌空泛，往往涉及内容，而所谓内容，又不外乎一个“道”字。单重内容而不论形式，事实上有不能具体的地方，从前人单讲内容，其弊易流于空疏。但是单从形式上来说，又有“买椟还珠”之病。杜牧《答庄充书》：

凡为文以意为主……苟意不先立，止以辞彩文句绕前捧后，是辞愈多而理愈乱……是以意全胜者，辞愈朴而文愈高；意不胜者，辞愈华而文愈鄙。是意能遣辞，辞不能成意，大抵为文之旨如此。

所以要到王充所谓“外内表理，自相副称”，很不容易，即是内容外形要一致。这里所说的，也竭力想打破内容外形两者自相隔离的错误。

文章底基石，是文字。刘师培以为“解字为作文之基”。韩愈也说：“凡为文须略识字。”陈澧《东塾读书记》：“文字者所以为意与声之迹也。”所以论作文，不得不先就文字的音、形、义作简略的叙述。但是现代文字学已是一种专门的学问，其变化孳乳的方式很繁（见《文字学纂要》），要仔细彻底地研究，似乎也嫌烦琐，所以在这书的开端讲述一些“字”的一方面最粗浅的常识。句底组成，其分子是词。一个字的词，称作“单词”；两个以上的词，叫做“复词”。复词的组合，可以归纳出几个方式来的，所以又特立一章，加以讨论，带便可以纠正一般随意杜撰词语的疵病，也可使读者知道字与词的关系。文法上常将某一词归入于某一类，而通常作文时，大抵不拘拘于词类上的限制，所以讲文法修词也只是相对而非绝对。所以本书在分述词类之后，注意的还在它活用的一方面，因为活用词性是文章中最常见而巧妙的事。全书开端到第七章为止，讲从单字到词语的大概；以下六章讨论句语的结构与变化；再下五章研讨整篇的结构，及写作上诸问题。——作文上重要的事项，大抵已缕述无遗了。骈文与散文，文言文与语体文，形成了文章中的三大堡垒。一直到现代，还有人专学桐城，专事汉魏，或全拟六朝骈文。其实，语言和文章，本是一致。三代以前之“文其言”是写录的语言。三代以后语言和文字分离，即是散文；而散文之中又有更文的文体，是骈文。现代语体，又合语言文字为一，其始实肇端于唐宋之际。所以将它们底分合源流，略为两章，附于全书之后。文章历史的叙述也有帮助于作文的。

其实文章和语言合途，是自然的现象。古代书写不易，用木牍竹简代纸，以刀漆代笔，所以只能简单，非“文其言”不能“行远”。这是时代环境的驱使。现代既无此困难，自不妨努力于语文一致的工作，不必追慕昔人。陆游诗说：“文章切忌参死句。”五亭[①]山人《嘲[②]鹦鹉》诗道：“齿牙余慧虽偷拾，那识雷同转可羞”，“争似流莺当百啭，天真还是一家言”。

总之，文章的要点，即是使它能够达意。孔子说：“辞达而已矣！”这一个“达”字，便不容易做到，所以朱熹说：“辞达而已也是难。”在这“达”字中就包括了一切作文上的问题了。苏轼说：“辞至于能达，止矣，不可以有加矣。”又说道：

> 孔子曰：“言之不文，行之不远。”又曰：“辞达而已矣。”

① 亭　底本作“停”，据《随园诗话》（P.235）改。
② 嘲　底本作“咏”，据《随园诗话》（P.235）改。

> 夫言止于达意，则疑若不文，是大不然。求物之妙，如系风捕影，能使是物了然于心者，盖千万人[①]而不一遇也，而况能使了然于口与手乎？是之谓辞达，辞至于达，则文不可胜用矣。

我们所要研讨的，就是如何能做到这“达”字。便必细细研究古今文章中所达的方式了。古今文章名家所悉心苦虑的，也是为了这达与不达的问题。陆机在他底《文赋》中也深感到文章不易表达的困难。他说：

> 余每观才士之作，窃有以得其用心……每自属文，尤见其难。[②]恒患意不称物，文不逮意。

“意不称物，文不逮意”即是不能达，也即是外形内容的不易一致。各人有各人的思想，因此各人表达的方式也不相同，但是求其能“达”的一个原则是始终不变的。求其能达，便得注意写作上的种种基本原则了。

---

① 人　底本脱，据《苏轼文集》（P.1418）补。

② 陆机《文赋》此句原作：“每自属文，尤见其情。”据《陆机集校笺》（P.1）注。

第二章 ○

字底形态与意义

韩愈说:“作文须略识字。”所谓“识字”，乃是要明白每一字的来源与本义。这虽然是一种专门的学问，但是我们写作的时候，如果缺了这一种常识，便容易发生错误，叫做“写别字”。顾炎武底《日知录》中说:“别字者，本当此字而误为彼字也，今人谓之白字，乃别音之转。”我们常用的字，有许多是错误的，但是用惯了，忘其所以。例如“切”字，通常写成“土”字旁，其实是从刀七声的。又如“势（勢）”字上半从“埶”,“挚（摯）”字上半从“執”，我们往往不加分别。又如“本”和“夲”、“來”和“耒”是不同的，我们也常常通用。这是字形上的错用。又如古代的字义，和现代的字义各异，以今意释古意，也往往不合。如“盗（盜）”字从次皿，是偷窃的意思。《左传》“窃人之财，犹谓之盗”，又“窃贿为盗”,《荀子》“窃货曰盗”，皆是偷的意思。“贼”从戎从贝,《周礼》“二曰邦贼”，是强抢的意思。与现代所用的恰恰相反。

要明白字底形态和意义，先得知道造字底六个原则——“六书”。许慎《说文解字序》中说：

> 象形者，画成其物，随体诘屈，“日”“月”是也；指事者，视而可识，察而见意，“上”“下”是也；会意者，比类合谊，以见指㧑，“武”“信”是也；形声者，以事为名，取譬相成，“江”“河”是也；转注者，建类一首，同意相受，“考”“老”是也；假借者，本无其字，依声托事，“令”“长”是也。

最原始的文字，是象形的，完全以图画来替代文字的，所谓“日”（　）、“月”（　）完全是象形的。但是人事语言之中，不尽是实体，也有不能以形状来表示的；那么，便有了第二期造字的方式，抽象的观念也可以用文字来表示。“上”（　）、“下”（　）便以“一”作标准，画出上下的观念来。此外，也有一种抽象观念，不能全用“指事”来表示的，那么只能合起两个已成之字来说明一种意念。“止戈为武”，合“止”“戈”两字而成为“武”字；“人言为信”，合“人”“言”两字而成为“信”字，完全就意义来拼合的。但是又有许多山、林、水、虫、木、石、鱼、鸟之专名，既不能象形来区别，虽是实体，更不能用指事来说明，于是便用“形声”的方法来表示了。原来人类先有语言，后有文字，人类对于某一物早有名，但只是声音而已。于是形声就利用这声音来表示，一半用这物的[①]属性，一半用这物的名称。如“江”字，从[②]水而“工”声；如“河”字，从水而“可”声。其他如“峰”“岭”“鲤”“鲫”“杨”“柳”……都是属于这一类的。宋朝王安石不大懂得文字学，他自作聪明解释“波”字道：波者水之皮。苏东坡知道了，便讥笑他说，如果“波”为水之皮，那么“滑”字岂非是水之骨吗？原来这两个都是形声字，而不是会意字。

人类逐渐进化，人事也愈形复杂，所需要之字因之愈多。于是，原来的字不够分别[③]应用，只得引申为数义。又因各地方言之不同，更孳乳出数字同义的字。这叫做“转注”“假借”。许慎所举的例“考”“老”，指两者的关系而言。这两个音虽不同，而意义一样，这是孳乳的例。“考”字是从“老”字变出来的。又如假借之例的“令”“长”。“令”字本来解释“符节”，是古代发命令的东西；县官可以发号施令，于是就引申为“县令”之“令”了。又因为发命令的人，一定有美德，所以又引申为“良”“美”的意思，如称别人底儿子曰“令郎”，称别人底父亲为“令尊”

① 的　底本作“所”，据文意改。
② 从　底本作“是”，据文意改。
③ 别　底本脱，据文意补。

是。“长”字也是如此。本指“长短”之“长”，可以引申为“长辈”之“长”。——这都是文字孳乳变化的原则。

近来一般人作文，往往不求字体的准确，许多人将“裹”字写成“里”字，“步”字写成“歩”字。而“利害”和“厉害”两词又不加分辨。“利害”是指利益和祸害而言，做事先要辨别其是利是害，应用“利害”；“厉”，恶鬼也，“厉害”才是凶猛的意思。其他形似的“辨”“辩”“辫”、“徒”“徙”、“辛”“幸”等字，也得加以注意。原来我国文字之形态，自甲骨一直到楷书，已变了许多样子。现代形似的字，在当初是绝不相似的。中国最早的字体，叫做甲骨文，清德宗光绪二十五年发现于河南安阳县，是刻在龟甲或兽骨上的。河南是殷代故都，所以后人断定它是商代的文字。作《老残游记》的刘鹗，首先收藏，有《铁云藏龟》。其后罗振玉、王国维等也尽力地作研究的工作。其象形的文字，大类图画。此外，尚有钟鼎文。钟鼎是古代常用的器物，有字刻在它上面，所以叫做“钟鼎文”。《墨子》：“琢之盘盂，铭于钟鼎，传于后世。”[1]或称为“金文”。自从以木牍竹简代纸以后，或用刀刻，或用漆书，漆书形似蝌蚪，又称它作“蝌蚪文”。此外又有“石鼓文”，是刻在石鼓上的，近人断为秦代的作品，所以字体在大篆与小篆之间。可见古代的字体已是很繁复了。到了秦代，“书

---

① 《墨子》此句原作：“书之于竹帛，镂之于金石，以为铭于钟鼎，传遗后世子孙。”据《墨子闲诂》（P.469）注。

同文，车同轨”，于是有“小篆”，或称“秦篆”。《说文解字》说：“李斯作《苍颉篇》，赵高作《爰历篇》，胡毋敬作《博学篇》，皆取史籀大篆，或颇省改，所谓小篆者也。”《说文解字》一书，便是以小篆为主而间附以大篆的。但是当时又因篆书写作不甚方便，民间又有一种字体出现，叫做“隶书”，又称“左书”。左，助也，可见这种字体只是书写时便利而用它的。“八分书”就是由篆变隶的一种过渡时期的作品。隶书又演变为章草，又演成为现代通行的楷书。所以字体到了现代，有许多已失却原来造字的本意了。例如“月”与“肉”照理是绝对不相同的，但现代“肉”字旁的字，也写成“月”字了，如腿、胸、腹、肠、脚等等，皆原作“肉”字的。

就字义来说，古代的字义有和现代不同的，如上文所举的“盗”“贼”。又如《论语》中引武王底话，“予有乱臣十人”，注云：“乱，治也。”又《易经》“同心之言，其臭如兰”，“臭”本来应作香的解释。《礼记》“衿缨皆佩容臭”，疏：“臭谓芬芳香物。”又如《史记》“吕马童面之”，“面之”就是“背之”的意思。这是古今字义绝对相反的例，但此种却不多见，最多见的是引申义，就原来的意义而引申的。如“昂”本是高举的意思，因此物价的高涨也叫做“昂”。“旱”本是天久不雨的意思，因此称陆路也可以叫做“旱道”。“平”本指平坦而言，也引申作“平治”“平凡”的意思。

总而言之，字义的一方面可以分为“一字数义”与“数字一义”两大类。前者即由于“假借”的方式而来，后者的形式却由于转注，写时极宜注意。一字数义，一方面固然由于音读的改变，而另一方面，也因为词性的活用。而其活用的方式，又不外乎本义的引申。例如“烛”字，本指实体的事物，而《吕氏春秋》中说“故火烛一隅，则室偏无光”，变成“照”的意思，因为“烛”字本含有“照”的功用的缘故。又苏武诗“烛烛晨光月”，“烛烛”是月色，也是由本义而引申的。又如“名”字本作名词，如“无名天地之始，有名万物之母”，但亦可引申作“称谓”“叫”“解释”的意思，如王安石“谬其传而莫能名者，何可胜道”。又如“衣”字本指衣服而言，但《易经》中说“古之葬者厚衣之以薪”，这“衣”字作“盖”的意思，因为“衣服”所以蔽体，便演绎而作“盖”讲。又因此凡是物件外面的一层通可称作“衣”，陆游诗“细雨湿莺衣”，李建勋诗“移铛剥芋衣”，《礼记》注“櫜，甲衣；韔，弓衣”，《说文》“袜，足衣也”……

至于数字一义，或因时代的不同，或因方言的各异而产生。例如“妮”字，《六书故》“今人呼婢曰妮”，“婢”“妮”是同义字了，这是由于古今的不同而产生的。又如《新方言》“绍兴谓女师为老姑”，“山西平阳呼祖母曰媪”，这是因地域不同而产生的例。《左传》“楚人谓乳，谷；谓虎，於菟”，这又是古代的方言了。即以现代常用之字而论，所以代表“吃”的同义字，也不下十多个：吃、食、喂、饲、啖、饮、喝、吸、饫、饭、飵、饷、餔、餐、膳、呷、咽、咬、哺、噍等等。但仔细区别起来，用法各不同。此外又如“行”和“走”、“闻”和“听”、“观”和“看”、“大”和“巨”、“微”和“细”……虽相似而实则不同，作文章时也得先下一番抉择的工夫。

字形错误了，往往影响于字义的。《抱朴子》：“书三写，鱼成鲁，帝成虎。”《孔子家语》：“子夏见读史志者云：‘晋师伐秦，三豕渡河。’子夏曰：‘非也，己亥耳。’读者问诸晋史，果曰‘己亥’。”《尚书大传》有“别风淮雨”，而《帝王世纪》校正作“列风淫雨”，于义方通。至于同义字的安置选择，是作者大费苦心而经营的事，留在下面再讲。

自来讲用字的，当以刘勰《文心雕龙》为最详。他更注意到字形的调剂，这是别人所不曾论列到的。《练字》篇中说：“缀字属篇，必须练择：一避诡异，二省联边，三权重出，四调单复。”所谓“避诡异”，即上文所谓“一字诡异，则群句震惊；三人弗识，则将成字妖”的意思。即是写作之中，用字不要故意求僻。宋陈骙在《文则》中也有这种主张：

古人之文，用古人之言也。古人之言，后世不能尽识，非得训切，殆不可读，如登崤险，一步九叹。既而强学焉，搜摘古语，叙述今事，殆如昔人所谓“大家婢学夫人，举止羞涩，终不似真”也。今取在当时为常语，而后人视为艰苦之文。如《周礼》:“犬赤股而躁,臊;鸟皫色而沙[①]鸣,狸;豕盲视而交睫,腥;马黑脊而般臂,蝼。”《诗》曰:“游[②]环胁驱[③],阴靷鋈续。”又曰:“钩膺镂锡,鞹鞃浅幭。”《庄子》曰:“乃始脔卷伧囊而乱天下。”《荀子》曰:“按角鹿埵陇种东笼而退耳。”

所谓“联边”,刘氏解释道:“半字同文者。”如陆机诗“琼珮结瑶璠”,除了结字外,其余四字皆是“王”旁,即犯了刘氏所谓“联边”的病。此外又如曹子建《杂诗》“绮缟何缤纷”,也属此类。

所谓“权重出”者,即是一章之内,少用相同的字。刘氏说:

重出者,同字相犯也。《诗》《骚》适会,而近世忌同。若两字俱要,则宁在相犯。故善为文者,富于万篇,贫于一字,一字非少,相避为难也。

因同一字常常发现,使文句有不和谐的毛病,即古人所谓“错综”之法。如《旧约》:“好施舍的必得丰裕,滋润人的必得滋润。”又如李斯《谏逐客书》中的一节话:

---

① 沙 底本作“少”,据《文则》(P.8)改。
② 游 底本作“淤”,据《文则》(P.8)改。
③ 驱 底本作“躯”,据《文则》(P.8)改。

惠王用张仪之计，拔三川之地，西并巴蜀，北收上郡，南取汉中，包九夷，制鄢郢，东据成皋之险，割膏腴之地，遂散六国之从，使之西面事秦，功施到今。

其中的“拔”“并”“收”“取”等字，本是同义字，也是为了避免重复而故意抽换的。但是另有一种复辞，故意在同一句文章中，以一个字来回反复应用，却是例外的不受限制。如《论语》中的“知之为知之，不知为不知，是知也”,《孟子》中的“老吾老，以及人之老；幼吾幼，以及人之幼”，其中“知”“老”“幼”都是故意重复的。

所谓“调单复”，刘氏云：“单复者，字形肥瘠者也。瘠字累句，则纤疏而行劣；肥字积文，则黯黕而篇暗。善酌字者，参伍单复，磊磊如贯珠矣。”他底意思，以为在作文时要注意于字形的大小细粗，使它匀称，可谓极注意于字形的安排了。

关于字形和字义，在修辞中又有很多的变化，通常在谑笑的谈话中，也用以作谐噱的。如朱揆底《谐噱录》：

有人将虞永兴手写《尚书》典钱，李尚书选曰：“经书那可典？”其人曰：“前已是尧典、舜典。”

“典”字有两种意义，一是“典押”，一是“经典”，这是字义上援用的例。又如《石林诗话》所载孔融底《郡姓名字诗》是依字形来作离合之例：

渔父屈节，水潜匿方——“鱼”字
与時进止，出寺弛张——“日”字
　　“鲁”

吕公矶钓，阖口渭旁——“口”字
九域有圣，无土不王——“或”字
　　“國”

好是正直，女固子藏——“子”字
海外有截，隼逝鹰扬——“乙”字
　　“孔”

六翮将奋，羽仪未彰——“鬲”字
龙蛇之蛰，俾它可忘——“虫”字
　　“融”

玟璇隐曜，美玉韬光————“文”

无名无誉，放言深藏——“與”字
按辔安行，谁谓路长——“扌”字
　　“舉”

先将诗中某一字拆开一部分，又将另一字拆开一部分，再用这两部分合成一字，完全就字形的变化来组合而成的。

此外又有兼用字义字形来变化的例，如吴文英的《唐多令》中有“何处[①]合成愁，离人心上秋”，“心”上加“秋”，便成为一

① 处　底本作“字”，据《梦窗词集校笺》（P.1673）改。

个“愁”字了。《世说新语》中又有更有趣的一个故事：

> 魏武尝过曹娥碑下，杨修从，碑背上见题作“黄绢幼妇外孙齑臼”八字。魏武谓修曰：“解不？”答曰：“解。”魏武曰：“卿未可言，待我思之。”行三十里，魏武乃曰：“吾已得。”令修别记所知。修曰：“黄绢，色丝也，于字为绝；幼妇，少女也，于字为妙；外孙，女子也，于字为好；齑臼，受辛也，于字为辤（辞），所谓‘绝妙好辞’也。”魏武亦记之，与修同，乃叹曰：“我才不及卿，乃觉三十里。”

这便是合字义字形而变化的例子。例如“绝”字，先从字形分作“色”“丝”两字，再由字义而成为“黄绢”。其他“妙”字、“好”字、“辞”字，均是如此的。

其他修辞上有“双关”格，也有从字义而双关的。因一个字有两种以上的意义，所以也可以称之曰“同形歧义”的双关。同时一个同义的字，一定是同形的。六朝民歌之中，有很多的双关语：

> 春倾桑叶尽，夏开蚕务毕。昼夜理机缚，知欲早成匹。——《子夜夏歌》（“匹”字又可以解释作“匹偶”，便借来作双关语。）

一夕就郎宿，通夜语不息。黄檗万里路，道苦真无极。——《读曲歌》(“道”字又可以解释作“说”的意思。)

总上所述，字形和字义很有关系，而且有更多的变化，一不审慎，便容易发生错误，也由此可知“字”的重要了。刘勰说：“文象列而结绳[①]移，鸟迹明而书契作。斯乃言语之体貌，而文章之宅宇也。”又说：“心既托声于言，言亦寄形于字，讽诵则绩在宫商，临文则能归字形。”这见解是很对的。

① 绳 底本作“网”，据《增订文心雕龙校注》(P.480)改。

第三章○

字音底变化

人类先有语言而后有文字，所以字音先于字形，而后来又依字形，而生音读。普通论列字音，有“声”和“韵”之分。声韵学也成为一种专门的学问了。所谓“声”，最普通的分别是“四声”，相传起于沈约。《梁书》中说：

> 约撰《四声谱》，以为在昔词人，累千载而不悟，而独得胸衿，穷其妙旨，自谓入神之作。武帝雅不好焉，问周舍：“何谓四声？”舍曰：“‘天子圣哲’是也。”

关于四声的辨别，古人底解释很多。其实“平”“上”“去”“入”，只是以字声的长短来作标准的，平声最长，入声最短促。上例“天子圣哲”四字，恰当于“平上去入”四声，其他如“东董冻笃”也是一样的。

中国文字的音，有的一个字可以读成两种以上的声音的，声不同，意义也改变了。例如“恶”字有三种读音：

（一）平声

（甲）《论语》：“君子去仁，恶乎成名。”（于义何也。）

（乙）《孟子》：“恶！是何言也！”（叹辞，无义。）

（二）去声

（甲）《论语》：“惟仁者能好人，能恶人。”（讨厌也。）

（乙）《孟子》：“羞恶之心，人皆有之。”（耻也。）

（三）入声

（甲）《易》：“君子以遏恶扬善。”（不善也。）

（乙）《孟子》：“虽有恶人，斋戒沐浴，可以事上帝。”（丑也。）

又如“乐”字。姓，作入声，读若药；音乐，亦读若药；是他底本音。而《论语》上“知者乐水，仁者乐山”，应读如效，去声，是喜欢的意思。又如《孟子》中“君子有三乐”，作快乐讲，应读作落，也是入声。“咽”字也是如此，平声，是本音，作咽喉之咽解；又可以作“咽咽”，是鼓声，《诗》“鼓咽咽”。去声，亦作“嚥”，吞也，《孟子》“三咽，然后耳有闻，目有见”。入声，如《古乐府》“陇头流水，其声呜咽”。

字音因时代地域的不同而常常有所更变，如文言文中的“何”“胡”，即现代国语的“什么”“甚么”，上海话变成“啥”，就是“什么”的合音。王引之《经义述闻》记载王念孙底话：

> 训诂之旨，存乎声音，字之声同、声近者，经传往往假借，学者以声求义，破其假借之字，而读以本字，则涣然冰释。

可见声音上的转变，古代已然。如《后汉书》“大耳儿最叵信”，“叵”字即“不可”两字的急读。《礼记》“子盍言子之志于公乎”，“盍”是“何不”的急读。《论语》“子张书诸绅”，“诸”是“之于”的急读。《孟子》“不识有诸”，“诸”是“之乎”的急读。俗语“不要”的变成“别”，“勿要”的变成“嫑”，“二十”的变成“念”，也是同样的道理。俞樾《古书疑义举例·语急例》：

> 《论语·先进》篇：“由也喭。”郑注曰：“子路之行，失于畔喭。”然则“喭”即“畔喭”也。《雍也》篇：“君子博学于文，约之以礼，亦可以弗畔矣夫！”“畔”，亦“畔喭”也。“畔”“喭”本叠韵字，急言之，则或曰“喭”，“由也喭”是也；或曰畔，“亦可以弗畔矣夫”是也。

这都是由语言而演变的例。又如“吾”“余”“予”“我”均是

“我”底代词，所以会有这许多，也是因方言时代的不同而变易繁衍出来的。

中国古代只有直音。唐代有僧守温制见、溪、群、疑、端、透、定、泥、知、彻、澄、娘、帮、滂、并、明、非、敷、奉、微、精、清、从、心、斜、照、穿、床、审、禅、影、晓、喻、匣、来、日三十六字母来表示声音。依司马光底解释，其中可以分作唇、舌、牙、齿、喉五音。但舌音又可分出“舌头”“舌上”“半舌”；唇音又可分出“重唇”“轻唇”；齿音又可分作“齿头”“正齿”“半齿”。

宋代又有“等呼”之说。四等呼是:“开口呼”，如安、鸟、宛、渊等音，亦称“开口洪音”;“齐齿呼”，如一、叶、奚、齐等音，亦称“开口细音”;“合口呼”，如乌、呼、孤等音，亦称“合口洪音”;“撮口呼”，如迂、儒、汝等音，亦称“合口细音”。

自从钱大昕倡“古无轻唇音”一说之后，古书中的疑问，消失了不少。原来我们现在读的轻唇音，古代皆读作重唇。如“微”是轻唇音,“帮”才是重唇音。我们常常疑惑中国古代为什么用“於戏”两字代替“呜呼”，念佛时为什么将“南无”念成“南莫”。其实“於戏”的重读，即是“呜呼”的声音;“无”字底重唇音即是“莫”音。所以在古人的文章里常常见到以“无”字代“吗”的，如白居易诗“晚来天欲雪，能饮一杯无”，又如欧阳修词“去来窗下笑相扶，爱道画眉深浅入时无”，都是同一原理的。

四声之外，又有所谓“韵”。一个字的音读，可以从两种声音合成。这两种声音，上一种叫做“声”，下一种叫做“韵”。所以同韵之字，我们很易辨别。在民歌俗语中每一句的末一字，大抵是同韵字。诗词和骈文，便是着重于声韵的文体。翻开诗韵来看，同属于一类的字，也便是同韵字。

研究韵，有今韵、古韵、等韵之分。古今字韵不同，便分成二类来研究。等韵就是上文所说的四等呼和三十六字母的研究。

为什么要研究声韵？与字义到底有什么关系呢？其中最大的用处是“反切”。“反切”，由字音的转变而影响及于字义。东汉孙炎作《尔雅音义》，始用“反切”，当时只称“反语”，晋代改称“切语”。《礼部韵略》：“音韵展转相协谓之反，亦作翻；两字相摩以成声韵[①]，谓之切；其实一也。”近人黄侃底《音略》中有更明白的解释：

> 反切之理，上一字是其声理，不论其为何韵；下一字是韵律，不论其为何声。质言之，即上一字只取发声，去其收韵；下一字只取收韵，去其发声。故上一字定清浊，下一字定开合。

① 韵　底本脱，据《增修互注礼部韵略》（P.581）补。

例如在《康熙字典》中翻出一个“东”字，下面注着“德红”切。试再分析“德”字的声音是“得一”;“红”字的声音,“乌洪”。于是“德”字取其声——“得”,“红”字取其韵——“洪”；再将“得洪”拼成“东”音。因为古代没有注音字，所以直音往往不切，便应运而生了“反切”之法。陈澧《切韵考》:

古人音书，但曰“读若某”“读与某同”，然或无同音之字，则其法穷；虽有同音之字，而隐僻难识，则其法又穷。孙叔然始为反语，以二字为一字之音，而其用不穷，此古人所不及也。

不单用于注音如此，而方言俗语中也常常引用，俗称“切脚语”。洪迈《容斋三笔》中说:

世人语音有以切脚而称者，亦间见之于书史中。如以“蓬”为“勃笼”,“盘”为“勃阑”,“铎”为“突落”,“团”为“突栾”,“钲”为“丁宁”,“顶”为“滴𩕳”,“角”为“矻落”,“蒲”为“勃卢”,“精”为“即零”,“螳”为“突郎”,“旁”为“步廊”,“茨”为“蒺藜”,“圈”为“屈挛”,“锢”为“骨露”,“窠”为“窟驼”是也。

不单民间如此，正史上也有这一类话。《左传》:“着于丁宁。”杜注:“丁宁，钲也。”《南史》:“或言后主名叔宝，反语为少福，亦败亡之征云。”据顾炎武底解释,“叔宝”两字反切成“少”音，“宝叔”两字反切成“福”音，所以说他“少福”。

所以反切不单为注释之作，而且因音底变化，又孳乳出更多的字义来。古代音同[1]之字，义多相同。刘熙《释名》中以同音之字为训。如《易》“咸，感也”,《荀子》“君，群也”[2],《论语》“政者，正也”。六朝民歌之中，有许多因音而双关的例:

> 石阙生口中，衔碑不得语。(《读曲歌》。“碑”与“悲”同音双关。)
>
> 风吹合欢帐，直动相思琴。(《子夜夏歌》。“琴”与“情”同音双关。)

又如，相传金圣叹临刑时，出一课题“莲子心中苦”给他儿子对，他儿子对成“梨儿腹内酸”。“莲”与“怜”、“梨”与“离”，也是同音双关的例子。

借音作对更是古人诗文中常常见到的例子。如刘禹锡《陋室铭》中底“谈笑有鸿儒，往来无白丁”，借“鸿”“红”同音来对

① 同　底本漫漶，据文意补。

② 《荀子》此句原作:“君者，善群也。”据《荀子集解》(P.165)注。

偶下面的"白"字。近人底联对中也有以"洪阳"借音作"红羊"来对"白首"（"首""兽"同音）的，但嫌它太曲折了。

字音的变化，已如上叙。除此以外，陈澧更提出字底象征的声调一说，亦颇有理。他底《东塾读书记》中说：

> "大"字之声大，"小"字之声小，"长"字之声长，"短"字之声短。又如说"酸"字，口[①]如食酸之形；说"苦"字，口如食苦之形；说"辛"字，口为食辛之形；说"甘"字，口为食甘之形；说"咸"字，口为食咸之形。

这也是一种抽象的说法。但无论如何，字的音节，有关于全篇文字的抑扬，这是毫无疑义的。诗词全是注重于音律的韵文，骈文的生命线也大半在音调上。散文虽不全着重于音律，但是论文者也不肯忽略这一方面。刘勰《文心雕龙·声律》篇中说：

> 凡声有飞沉，响有双叠，双声隔字而每舛，叠韵杂句而必睽。沉则响发而断，飞则声扬不还，并辘轳交往，逆鳞相比，迂其际会，则往蹇来连，其为疾病，亦文家之吃也。夫吃文为患，生于好诡，逐新趣异，故喉唇纠纷，将欲解结，

① 口　底本作"上"，据《东塾读书记》（P.214）改。

务在刚断。左碍而寻右，末滞而讨前，则声转于吻，玲玲如振玉；辞靡于耳，累累如贯珠矣。

是以声画妍蚩，寄在吟咏；吟咏滋味，流于字句；（字句）气力，穷于和韵。异音相从谓之和，同声相应谓之韵。韵气一定，故余声易遣；和体抑扬，故遗[①]响难契。属笔易巧，选和至难；缀文难精，而作韵甚易。虽纤意曲变，非可缕言，然振其大纲，不出兹论。

所谓“和”“韵”，便是“声”与“韵”的调剂，由此可见字音与文章的关系了。此后，陈绎曾底《文说》中也论到用字的方法：

一、谐音，凡下字有顺文之声而下之者，若音当扬，则下响字；若音当抑，则下唱字。二、审意[②]，凡下字有详文之意义而下之者，意当明，则下显字；意当藏，则下隐字；意当尊，则下重字；意当卑，则下轻字。如此之类，变化无方。

词曲之中，四声可以通叶，可见声韵有可分可合之处。同声之字，即使同形，而韵不同，意义便有变化。例如“逢”字，一属“冬”韵，一属“东”韵。普通的解释，均应入“冬”韵。“鼓

① 遗　底本作“遣”，据《增订文心雕龙校注》（P.427）改。
② 意　底本作“音”，据《陈绎曾集辑校》（P.209）改。

声逢逢”，则应入“东”韵。又如“家”字，一入“麻”韵，一入“虞”韵，意义也完全不同。

更有许多字形各异而字音近似的字，常常为一般初学作文者所误用。如“这样”与“怎样”，“竭力”与“极力”，“必须”与“必需”，“大都”与“大多”，“不了”与“不料”，“主意”与“注意”。其实故意谐音只是游戏文字中偶尔用到的，普通的文章中，绝对不容混杂。《启颜录》中记载着一个谐音的故事：

> 隋侯白州举秀才，至京畿，辩捷，时莫与之比。尝与仆射越国公杨素并马言话。路旁有槐树憔悴死，素乃曰：“侯秀才理道过人，能令此树活否？”曰：“能。”素云：“何计得活？”曰：“取槐树子于树枝上悬着，即当自活。”素云：“因何得活？”答曰：“可不闻《论语》云：‘子在，回何敢死？’”素大笑。

“回”本来是孔子弟子颜回底名字，此处借用作同音的“槐”字。又如《儒林外史》中的：

> 季苇萧笑说道：“你们在这里讲盐呆子的故事？我近日听见说，扬州是六精。”辛东[①]之道：“是五精罢了，那里六

① 东（東） 底本作“柬”，据《儒林外史》（P.294）改。

精？”季苇萧道：“是六精的很！我说与你听，他轿里是坐的债精，抬轿的是牛精，跟轿的是屁精，看门的是谎精，家里藏着的是妖精，这是五精了。而今时作[①]，这些盐商头上戴的是方巾，中间一定是一个水晶结子，合起来是六精。”说罢，一齐笑了。

这些都是同音借用的例。但是我们却不能因为音同而随便借用。陈澧《东塾读书记》[②]中说：

天下事物之象，人目见之，则心有意；意欲达之，则口[③]有声。声不能传于异地，留于异时，于是书之为文字。文字者，所以为意与声之迹也。

这是说字音与语言之关系的。

近年来，汉字之音，成为语文者研究的中心。民国二十一年《国语月刊》有“汉字改革号”出版，认为方块字不应该继续存在，于是有写同音字与汉字拼音的主张，完全想就字音来发展。也有人主张提倡写简笔字与别字，以为如此可以使口语与文

① 作　底本作“派”，据《儒林外史》（P.294）改。

② 陈澧《东塾读书记》　底本作“王筠《说文叙例》”，以下引文实际出自陈澧《东塾读书记》（P.213），据改。另，王筠所著名为《说文释例》。

③ 口　底本作“心”，据《东塾读书记》（P.213）改。

章接近，以达到文章大众化的目的。口语与文章一致，当然是现代应努力的工作，但是废汉字、重拼音是否是最积极最妥善的方法呢？

现在文章中，其实也已产生了不少的新字了。这些完全因口语而产生的，如“双妹牌”之写成“双妹嚜”，如“没有”之写作“冇”，正如古代的节缩例一样。

但是无论如何，研究文章之人，总得知道汉字古代发音的原则。一则是现代作文上所需要的知识，二则要推动汉字进化，也得研究以往的字音之变化，来作参考的资料。决不是闭着眼睛，不回顾过去，便可以使文字进化的。

古代有很多同音假借的例，但是世界是进化的，人事也日见繁杂，因此便不得专用其字，另创新词，这也是自然律。现代是否应回复到以前的通借，也是值得研讨的一个问题。

第四章

复词的组织

什么叫做“词”？一般的解释，以为联合两个以上的字而能独立地表示一个意念的，才能称做“词”，或称“词语”，或称“词头”。但是就事实而论，一个字亦可以代表一个意念的，像实体词和形态词等，除了虚字之外。因此那一种“字”“词”的分辨方法，实在有些不甚妥当。马建忠底《马氏文通》里称名词、代名词、形容词等作“名字”“代名字”“形容字”，便是以字为单位的。但是马氏底以“字即词”的方法来论列，也有些不甚合理。所以我们分别“字”和“词”的关系，应先明白“字”“词”两字所代表的观念。《说文》中以“独体为文，合体为字”，所以字只是“字母”的意思，如果用以代某种观念便可称词。也就是说，凡是句子的分子皆应称作“词”，其余举出单字来讲，则称作“字”。“字”不过是句子的原子罢了。

因此词之中，有以一字为一词，有以两个以上之字为一词的，前者我们可以称它做“单词”，后者我们称它做“复词”。明白了这一点，才可以进而论列到词底组织。

复词底形态，自两个字以至于六字以上不等。例如“开张”“开口呼”“开门揖盗”“开天传信记”“开府仪同三司”……而其中以两字及四字为最多见。而两字所组成的复词，变化也较多。现就常见之词加以分析，它们的组合方式，不外乎五种：

（一）由于同类字合成的。将同一词性的字合成词语，其中又可分作“同义字合成”和“相对字合成”两种。如“道”“路”是同义字，合成作“道路”，这是名词。又如“胜利”是形容词，“跋涉”是动词……又如“开”和“关”是相对字，合成作“开关”，这是名词。又如“彼此”是代名词，“好恶”是动词。此外，既非同义字，也不是相对字，只不过同属一词类，而上一字往往已变过它底词性了。如“风箱”“金城”“钢笔”“木马”……如此之类不胜枚举。

（二）由于两个词性不同的字合成的。这一类词语最多见到，如“车站”是由名词与动词合成的，“新闻”是副词与动词合成的，“飞快”是动词和副词合成的。但这一类词的形成，也有与单字底意义大不相同的，如“花红”不指颜色，而作意外的赢利而言；“宾白”不指颜色，而指戏剧中的说白；“空头”不指人首，而是商业上的名词。大约也是由这一词的本义而引申借用的。

（三）由于单词加语尾而成的。通常所加的语尾是“子”字和“儿”字，如“帽子”“房子”“屋子”“椅子”，及“瓢儿”“灯儿”“车儿”“马儿”等等，现代口头语中更多见到，即宋元词曲小说中也常发现。语体文中在形容词下常加“的”字作语尾，在副词下常加“地”字作语尾，也有纯用“的”字而不复加以区别的。文言文中常用“乎”或“然”字，“尔”“如”也常用到。

（四）由于叠字而成的。这就是同一单字的重叠。李清照《声声慢》“寻寻觅觅冷冷清清凄凄惨惨戚戚”，用了七个叠字。这种词语功用最大，领域也最广。西湖花神庙有一联全用叠字：“翠翠红红处处莺莺燕燕，风风雨雨年年暮暮朝朝。”顾炎武底《日知录》中说宋玉《九辩》连用十一个叠字，后人罕能及此。王筠曾作《毛诗重言》，将《诗经》中用叠字的句子一一加以研究。《文心雕龙》中也说：

> 诗人感物，联类不穷。流连万象之际，沉吟视听之区。写气图貌，既随物以宛转；属采附声，亦与心而徘徊。故“灼灼”状桃花之鲜，“依依”尽[①]杨柳之貌，“杲杲”为日出之容，“瀌瀌”拟雨雪之状……并以少总多，情貌无遗矣。虽复[②]思经千载，将何易夺？

① 尽　底本作“画”，据《增订文心雕龙校注》（P.563）改。
② 复　底本作“深”，据《增订文心雕龙校注》（P.563）改。

足见他们之重视叠字了。我们将叠字加以分析，可以分作三种。一种是用以状声的，这一种完全代表声音，与字义无关。如“狺狺”完全说狗吠之声，“关关”是鸠的叫声，“潺潺”指流水声，“橐橐”指履声，“嘤嘤”指啜泣、苍蝇或鸟鸣声，其他如“丁丁”“訇訇”“许许”都是此例。第二种是状形的，写出物或事的形态，如上例“灼灼”形容桃花之红，“依依”写杨柳之姿态，“累累”状多而圆的样子，其他[1]如“隐隐”“渐渐”“慢慢”“高高”“圆圆”等都是此例。上一种以形容词为最多，而此种以形容词及副词为多。第三种是状性的，也可以称为连语，往往先提出一个形容词或动词，而接着用叠字来形容。如“乱哄哄”，“哄哄”形容“乱”的性质；“甜蜜蜜”，“蜜蜜”状“甜”之程度；“活泼泼”，“泼泼”状“活”的样子；其他如“红东东”“白皑皑”“黄橙橙”等都是此例。此类以副词为最多。但是叠字未必一定是形容词或副词，例如“哥哥”“姐姐”“妹妹”“妈妈”等便是名词，“嗟嗟”便是叹词，不过很少见罢了。叠字通常只以两叠为度，三叠很少见，简直可以说是没有。欧阳修之“庭院深深深几许”，上两“深”字为叠，而下一“深”字连下读。俗语中的“看看看”，末一“看”字变成语助词了，也只是两叠字。

（五[2]）由于双声叠韵而成的。上章说过“反切”，双声叠韵便

① 他　底本作“也”，据文意改。

② 五　底本作“四”，据上文改。

和“反切”同一原理。凡是两字发声相同的，叫做“双声字”。如“东”字是“当公”切，那么“东”“当”便是双声字。凡是两字收韵相同的，叫做“叠韵字”，上例“东”“公”便是“叠韵字”了。上文所举刘勰底所谓“和”乃指双声，所谓“韵”乃指叠韵。复词底组成，或由双声，或由叠韵，如“仓卒”和“萧条”。

通常以为双声叠韵的复词是形容词或副词，其实名词之中，也多此例。如“鸳鸯”“琵琶”“蟋蟀”等等，是由双声底关系而组成的；如“鹁鸪”“鹧鸪”“鸺鹠”是由叠韵的关系而合成的。这种复词的关系，全由声音，和字面的意义很少发生关系的。所以一个复词有许多写法，如“仓皇”可以写作“苍黄”；“髣髴”又作“仿佛”，又作“彷彿”；“徘徊”又作“徬徨”，又作“裴回”；“消遥”又作“相羊”“襄羊”“相佯”；“仓卒”又可转音读作“匆促”；“趑趄”也可作“次且”“踟蹰”。——只重音读，字面的改易可以随便。

双声叠韵的功用与叠字有相通之处。例如“萧条”即是“萧萧”的意思，“仓黄”亦可作“仓仓黄黄”，“凄其”亦可作“凄凄”，但也并不是每一双声叠韵字均可改作叠字的。

南北朝时，双声叠韵非常盛行。《南史·谢庄传》：“王玄谟问：何者为双声，何者为叠韵？答曰：‘悬瓠’为双声，‘碻磝’为叠韵。”① 对联中也有很多以双声叠韵作对的，如“屋北鹿独宿”

① 玄　底本作“元”。《南史·谢庄传》此句原作：“王玄谟问庄何者为双声，何者为叠韵。答曰：‘玄护’为双声，‘碻磝’为叠韵。”据《南史》（P.554）注。

对“溪西鸡齐啼”。诗中也有双声叠韵句，如“后牖有朽柳”“梁皇长康强”“偏眠船舷边”“六斛熟鹿肉[①]”“暯苏姑枯卢[②]”等等。而说话之中也有双声叠韵之语，而更以双声语为最普遍。如《南史·羊玄[③]保传》所载：

子戎语好为双声。江夏王义恭尝设斋，使戎布床。须臾，王出，以床狭，乃自开床。戎曰：“官家恨狭，更广八分。”王笑曰：“卿岂唯善[④]双声，乃辩士也。”文帝好与玄保棋，尝中使至，玄保曰：“今日上何召我耶？”戎曰：“金沟清泚，铜池摇扬，既佳光景，当得剧棋。”

《洛阳伽蓝记》中也有一则有趣的故事：

冠军将军郭文远，堂宇园林，匹于邦君。时陇西李元谦乐双声语，常经文远宅前过，见其门阀华美，乃曰：“是谁第宅？”遇佳婢春风出曰：“郭冠军家。”元谦曰：“此婢双声。”

① 六斛熟鹿肉　底本作“残六斛鹿肉”，据《先秦汉魏晋南北朝诗》（P.1539）改。

② 卢　底本作“庐”，据《先秦汉魏晋南北朝诗》（P.1539）改。

③ 玄　底本作“元”，据《南史·羊玄保传》（P.934）改。下文径改。

④ 善　底本脱，据《南史·羊玄保传》（P.934）补。

春风曰："狞奴谩骂。"元谦服婢之能，于是京邑翕然传之。[①]

可谓盛极一时，妇孺皆知了。双声叠韵之成为连语，大概也是因为音近易合的缘故。

以上五项，总括起来，不外乎字形、字音、字义这三方面的变化。双声叠韵的关系，属于字音，叠字属于字形，其余则由于字义。至于复词的意义，大抵是单词的引申。本来两个单词，甲乙意义相似，可以交换互用，因此便可以用甲乙两词合成之复词来代用。如"先"字可以作"先生"解,《汉书》"夫叔孙先非不忠也"，其中的"叔孙先"便是"叔孙先生"；而"生"字也可以作"先生"解的,《汉书》"生有伯夷之廉"，注云："生，先生也。"合而言之，则称"先生"。这是并列的引申。又如"方"字可以申为"方法""方才""方士""方正""方针","器"可以申为"器识""器量""器具""器械","道"字可以申作"道理""道路""道德""道士"等等。这是不平列的引申。又如"急"字可以申为"缓急"，虽是相对词的组合，而仍是"急"的意思。"长短"也只是"短"的意思。又如"角度"本是算学上的名词，可以引申到其他的事项。"摩擦"本指两物间的相碰击，而可以引申

① 《洛阳伽蓝记》此段原作："唯冠军将军郭文远游憩其中，堂宇园林，匹于邦君。时陇西李元谦乐双声语，常经文远宅前过，见其门阀华美，乃曰：'是谁第宅？过佳！'婢春风出曰：'郭冠军家。'元谦曰：'凡婢双声！'春风曰：'儜奴慢骂！'元谦服婢之能，于是京邑翕然传之。"据《洛阳伽蓝记校释》（P.168）注。

到人事意见之冲突。“阵线”本指战阵之队伍，而可以引申作党派之组织。其他如“阵容”“揭幕”“剪彩”“前提”等等，也莫不如此。

再以四字组成的词语来检讨一下，其中最多见的是两对形式相似的双词之组合，或两对叠字的连成。前者依形式而论，有两对形容词和名词组成的，如“焦头烂额”，“焦”和“烂”相对，“头”和“额”相对；有以两对副词与动词组合而成的，如“前仆后继”。而其中以名词与动词所合成者为最多见，其中又可分成两类：一类是名词在前，动词在后的，如“土崩瓦解”“剑拔弩张”“兔死狐悲”；一类是动词在前，名词在后的，如“排难解纷”“亡羊补牢”“走马看花”。这两类之中又各有不同，如“土崩瓦解”，“土崩”与“瓦解”表示同一意念的；而“兔死狐悲”“亡羊补牢”却非全用四字不能表示整个的意念。前一种两两相对的四字复词，它们底位置一定相同，如“排难”是动词在上，名词在下，那么下面的“解纷”，也得如此。或者完全颠倒过来，如“恤老怜贫”也可作“怜贫恤老”。

四字组成的词语，通常叫做“成语”。成语的采拾，方式各各不同。像“刻舟求剑”“守株待兔”“揠苗助长”……里面包含着一个故事，就是说，它是整个故事的缩合。又如“临深履薄”，出于《诗经》“战战兢兢，如临深渊，如履薄冰”。“解衣推食”，见于《史记》“解衣衣我，推食食我”。“一暴十寒”，见于《孟子》

“一日暴之，十日寒之”。其中虽然竭力做成两对相似的词儿，但是其中有许多却因为故事的关系而不能使它们的形式变成齐整的。如果本来是两字之词，再加叠字化，便成为四字复词，它们底形式也是上下相似的，如“快活”可以作“快快活活”，“大方”可以作“大大方方”，其实和单字相叠的方式是一样的。

此外常见的四字复词，其中常常嵌着数目字，而此数目并不是实数。例如“一暴十寒”“九牛一毛”“一日三秋”“千门万户”等等，是数目字在上的；又如“接二连三”“低三下四”“瞎三话四”，是数目在下面的（参阅“实数与虚数”一章）。也有嵌以虚字的，如《左传》中的“鸲之鹆之”，《汉书》“荣如辱如”；也有用同义字分嵌的，如“山重水复”；也有用相对字分嵌的，如“柳暗花明”。林纾《畏庐论文》中论填词拼字之法，实即是四字组合的情形：

> 词中拼字之法，盖用寻常经眼之字，一经拼集，便生异观。如“花”“柳”者常用字也，“昏”“瞑”二字亦然，一拼为“柳昏花瞑”则异矣；“玉”“香”者常用字也，“娇”“怨”二字亦然，一拼为“玉娇香怨”则异矣；“烟”“雨”者常用字也，“颦”“恨”二字亦然，一拼为“恨烟颦雨”则异矣；“绮”“罗”者常用之字也，“愁”“恨”两字亦然，一拼为“罗愁绮恨”则异矣。

虽然他底话尚有可议之处，但是关于这一类复词组合的方式却说明白了。

词语之中，往往有许多是翻译名，或单译原音，或单译词义，或者音义兼译。译义之词，它组合的方式和普通的词语并没有什么两样。译音兼译义的却大有可议之处。译音并不起于现代，古代翻译，多用原音。汉代称匈奴“单于”作“头曼”，又作“峦”。“峦”即“头曼”的急读，可见是译音的。单于夫人称作“阏氏”，又作“燕支”，又作“月氏”。“金日磾[①]”读作“金密低”。“塔”的译音是“浮屠”，而“浮屠”又可解作“宝塔”“佛”“寺院”和“和尚”，也可写作“佛图”“浮图”。“招提”“兰若”也是寺院的译音。“檀越”即是“施主”，“优婆塞”“优婆夷”即是“居士”“信女”，“桑门”“沙门”即是“和尚”……因为用惯了，不以为异，反而有人以为用这些名词是古雅的。近代音译之字更多，“民主政体”（democracy）的译作“德谟克拉西”，“灵感”（inspiration）的译作“烟思披里纯”，“论理学”（logics）的译作“逻辑”，“丈夫”（husband）的译作“黑漆板登”，“现代化”（modern）的译作“摩登”，如果依字义来讲，相差不知有多少远了。其他音义兼顾的词如 geometry 的译成“几何”，只译了上一音节，那么“地理”也应该作“几何”了。这种想两者兼顾的翻

---

① 磾 底本作“碑”，据《汉书》（P.2959）改。

译方法，实在是不大妥当的。我们写作时，如果遇到这一种，中国文字中本有此词，不妨用固有的词语；否则，没有办法，还是径注原文，来得明白些。

词的使用，和用字一样地不易安排，尤其是许多意义相近似的，如“监察”“督促”“纠正”“制止”“管理”等等，非经详细考虑，不能引用适当。又如“发见”“发明”“发生”“发达”，在表面上看来，似乎并无二致，但详细加以考虑，“发见”重在“见”字，是本来已经有的事物一旦知道了的意思，“发明”则含有创造性，“发生”通常指事件的发生，而“发达”指事业思想的发展而言。其他如“交战”“构兵”“开火”“接火”“周旋”“战斗”“斗争”……所示意念相同，而其中却又有轻重的分别的。又如“病”，称之别人，可以说“贵恙”，对于自己应说“采薪之忧”。“死”，用于王公，则曰“山陵崩”，用作谦辞则称“填沟壑”，称僧则说“圆寂”，对道士则云“羽化”，称幼童应云“夭折”“短命”，其他“仙游”“物化”“弃养”“长逝”，须一一加以分别，才能使用适当。又有一词含有数义的，用得不审慎，常使文句不明白。例如“亡羊”两字有四种不同的意义：

(一)《庄子》：“臧与谷二人相与牧羊，而俱亡其羊。问臧奚事，则挟策读书；问谷奚事，则博塞以游。二人者，事业不同，其于亡羊均也。”——说做事不专心的害处。

（二）《列子》：“杨[1]子之邻人亡羊，既率其党，又请杨子之竖追之。杨子曰：嘻！亡一羊，何追之者众？邻人曰：多歧路。既反，问：获羊乎？曰亡之矣。奚亡之？曰歧路之中又有歧路焉，吾不知所之，所以反也。心都子曰：‘大道以多歧亡羊，学者以多方丧生。’”——说研究学问之不易。

（三）《淮南子》：“亡羊得牛，则莫不利失也。”——说失小而得大。

（四）《战国策》：“见兔而顾犬，未为晚也；亡羊而补牢，未为迟也。”——说事后的补救。

因此单用“亡羊”一词，便不足以代表其中之一的意念，必须用“歧路亡羊”“亡羊补牢”“亡羊得牛”“挟策亡羊”来说明它。两字复词和四字复词的不同也即在此。

复词的组成，多[2]半由于习惯，常用它，便不以为异。但古今异时、中外异地，有的在现代、在某种环境地域中不能应用的。如《陋室铭》中之“无丝竹之乱耳”，以“丝竹”代乐器，但是现在舞厅中所奏之乐具，却并非全是丝竹。又如古代以“金莲”代女子底足，现代也不甚适用。元翁森《四时读书乐》中说“坐对韦编灯动壁”，“韦编”指古代木牍竹简之书，元代实已有纸书；

---

① 杨　底本作“扬”，据《列子集释》（P.265）改。下文径改。

② 多　底本脱，据文意补。

又说“地炉茶鼎烹活水”，“茶鼎”这名词也不甚妥当。凡此之类，也应注意。

复词底变化和单词一样，可以作名词，也可以作其他词类用。如“经济”一词，可以用作名词，如“经济困难”；也可用作动词，如“他很经济”；也可作形容词，“经济之才”。使用之不易，也正如单词一样。

另有一种复词，本无意义，由他种词语口头缭绕而成。如我们常称“兵”为“丘八”，称“谢”为“言身寸”（见《儒林外史》），是由字形变成的。“马克思”的绕成“牛克思”（吴稚晖文），“左传”的绕成“右传”（见《儿女英雄传》），“老子”之绕成“少子”（见《镜花缘》），这是由于字义的缭绕。俗语中也有称“妙不可言”作“妙不可酱油”的（“言”“盐”同音），称“莫明其妙”作“莫明其土地堂”（“妙”“庙”同音），这是由于字音的缭绕而成的。此外又有因“友于兄弟”（《尚书》[①]），以“友于”代兄弟；因“贻厥孙谋”（《诗经》），以“贻厥”代孙；因“周余黎民”（《诗经》），而以“周余”代百姓，这是“歇后”的关系而形成的。又如因“日居月诸”（《诗经》），而以“居诸”代日月；因“三十而立”（《论语》），而以“而立”代三十之年的；因“祸兮福所倚，福兮祸所伏”（《老子》），而以“倚伏”

① 《尚书》 底本作《诗经》，据《十三经注疏·尚书正义》（P.503）改。

代祸福的，这是因“藏头”的关系而形成的。俗语所说的“猪头三”“下马威”“龙头拐”……也是歇后的例。古代人言语之中，也常常用这一种方式来增加语趣的。如宋吴处厚《青箱杂记》中所载：

> 刘烨与刘筠连骑趋朝。筠马病足，行迟。烨谓曰：“君马何迟？”筠曰：“只为‘三更五——’。”言“点”蹄也。烨应声曰：“何不与他‘七上八——’？”意欲其“下”马徒行也。

这种方式，也别饶风趣。但是也有人反对，以为不通。《颜氏家训》：

> 《诗》云：“孔怀兄弟。”孔，甚也；怀，思也，言甚[①]可思。陆机《与长沙顾母书》述从祖弟士[②]璜死，乃言“痛心拔脑，有如孔怀”。心既痛矣，即为甚思，何故言“有如”也？观其此意，当谓亲兄弟为“孔怀”。《诗》云“父母孔迩”，而呼二亲为“孔迩”，于[③]义通乎？

---

① 甚　底本作“其”，据《颜氏家训集解》（P.287）改。
② 士　底本作“大”，据《颜氏家训集解》（P.287）改。
③ 于　底本作“与”，据《颜氏家训集解》（P.287）改。

考之实际，固然有不合理的地方，但复词之形成不能尽加以理解的很多，全由于习惯。所以已往的藏头歇后语，实在也是无法使它消灭的，只要应用时注意使它明白就是了。

第五章

词性及其活用

讲文法的人，通常将中国文字分为五大类。五类之中，又可区别作九种，或称为“九品词”。即是词语的使用和功能，不外乎这九种变化。——所谓“词类”，就是词性底分类。为了使读者明白这五类九品的概况，所以将它们简略地叙述一下。

第一类是“实体词”，是人物、地点底名字，和代替人物、地点底名字的代词。所以实体词中又可分作两大类：前者叫“名词”，后者叫“代名词”。

名词，有“抽象名词”，如“道德”“苦”“战争”；“普通名词[①]”，如“动物”“布”“军队”；“特定名词”，如人名、地名、时代名、书篇名。

代名词，代替人称的，如“我”“你”“她”“他”；代替事物

① 词　底本作“字”，据文意改。

的，如“这”“那”；用作疑问的，如“谁”“那个”“甚么”“那里”“孰”“胡”等等。

第二类是“述说词”，即九品词中的“动词”，用以叙述事物底动作或功用。动词之中，可以分作“他动词”（外动词）、“自动词”（内动词）、“关系动词”（同动词）、“助动词”四种。他动词，是一动作及于他物的，例如“取”“吃”“觉得”“交付”“禁止”等等，下面不加“受词”，意思便不明白。“取”，取什么？“吃”，吃什么？一定得加以说明，方才完全。自动词的动作不必及于他物，如“飞”“来”“笑”等等，不加受词便可以明白了。关系动词是说明主词与受词的关系的，如“为”“是”“变成”等等。例如“我是青年”一句，“是”字说明了“我”与“青年”的关系。“助动词”往往是在动词旁边，用以帮助动词的，如“可”“够”“足”“要”“应该”等等。“不足道”，“足”字是帮助动词“道”字的。又如“得”“去”字也常常作动作，但习惯上往往加在动词底后面的。

第三类是“区别词”。用以区别事物之性质、形态、数量、地位的，叫做“形容词”；区别事物之动作、形态而加以限制的，叫做“副词”。形容词常加在实体词的前面。表示性质的，如“好”“新”“精明”；表示状态的，如“红”“漂亮”“狭长”；表示数量的，如“匹”“桶”“斤”；表示地位的，如“此”“那”“彼”；表示疑问的，如“何”“那”“多少”。“的”字常常用作介绍名词和形容词的字，如“红的花”“有理性的动物”。

副词通常在动词、形容词或其他的副词前面。表示时间的，如“从前”“本来”“已经”“恰巧”“将”“永远”“一刹那”；表示动作的，如“快快”“忽然”“偶然”；表示性质的，如“实在”“自然”“只好”“居然”“幸亏”；表示数量的，如“又”“再”“次”“回”“差不多”“几乎”“更”；表示疑问的，如“多少”“多[①]么”“怎样”“难道”。“地”字常常将副词介绍给所形容或限制的动词、形容词或其他副词的，如“他慢慢地走了”。

第四类是“关系词”。关系词又可分为两种：一是“介词”，用以介绍名词到动词或述说的形容词上去，表示他们底时间、地位、原因等等的。介绍时间的，如“在”“于”“当”；介绍地位的，如“在”“从”“自”；介绍方向的，如“向”“往”“朝”；介绍原因的，如“因为”“以”“因”；介绍动作的，如“替”“被”“用”“除”“和”等。二是“连词”，用以连接词与词、句与句、章与章，以示他们底关系。连词又可以分作数种：一种是“平列连词”，连接实体词及其他，如“和”“与”“及”“暨”，通常只连实体词；“而且”“且”“并且”可以连接实体词以外的词语。一种是“层递连词”，他们所连的意念，并非平列，如“既然……又……”“固然……更……”“不但……而且……”“既……

① 多　底本作“都”，据文意改。

况……”等，通常所连的是两句短语。又一种是“选择连词”，表示在两者之中可以任择其一，“或”“与其”“……毋宁……”“不是……便是……”“否则”等等。一种是“承接连词”，乃是承上文而言的时候用的，如“若夫”“至于”“总而言之”“换言之”等，上文已有了意见，下面便接着说下去。又一种是“转折连词”，和上面所说的“承接连词”恰恰相反，如“然而”“但是”“惟独”“反而”“谁知”等等，用以否定上文的意见的。

连词在各种词类中最复杂，最多变化，也最难用。再以它底功能来解释，它可以表时间，如“洎乎”“迄于”“正当”等；表因果，如“因为”“原来”“所以”等；表假使，如“假如”“设或”“倘若”等；表范围，如“只要”“一经”“除非”“不拘”“无论”“虽然”“纵使”；表关系，如“犹如”“譬喻”“不如”“无异”等等。

第五类是“情态词”，也可分作两种，一是“助词”，二是“叹词”。助词用以表示说话时的精神语气，其实只不过是一种符号而已，例如“了”“吗”“呢”“呀”“者”“乎”“也”等等。但是却最难安排，因为和文章语气很有关系。此外尚有表惊叹的助词，如“啊”“哦”等等，其实这不过是句子中末一字底收音的延长罢[①]了。“啊”“哦”“咦”“哪”等用法并没有什么两样的。叹

① 罢　底本作“吧”，据文意改。

词是一种独立的表情底声音，和助词不同。这一类完全重在声音，和意义无关。古代以字义来解释叹词，完全是望文生训。例如《史记》中的：

> 夥颐！陈涉之为王，沉沉者！

“夥颐”两字，注者说“夥”，多也，“颐”，语助辞。其实两字均是叹词，好像现代人说的“啊咦”，是一种惊奇底表情。又如同书“晋鄙嚄唶！宿将”，注者以“嚄唶”为多言之貌，而实在也是一种叹词，犹如现在的“喔唷”，有些不忍的意思。又如《南史》“疾久，口苦，索蜜不得，再曰荷荷！遂崩”，“荷荷”也是倔强的笑声表示强烈的懊恨，与“荷负”“荷花”等意义毫无关系。

以上是九品五类的大概分类的情形。其中应该注意的地方，如名词中普通名词，可以借作特定名词（专名）用的。如“孔夫子”“秦始皇”是特定名词，但《论语》中以“夫子”来代替孔夫子，《史记》中以“秦王”来代替秦始皇，这“夫子”和“秦王”本来是普通名词，如此一来，变成为特定名词了。又如苏轼《晁错论》：

> 虽有百盎，可得而间哉？

盎是袁盎，汉代善谗的人，上文用以替代普通一般的谗人。《孟子》中也有“在于王所者，长幼卑尊皆薛居州也，王谁与为不善？在于王所者，长幼卑尊皆非薛居州也，王谁与为善”的话。薛居州本为一个善人的专名，此处借指为一般善人，和上例相同。——这是以特定名词借作普通名词的。

用代名词应注意的地方，是引述别人底话时，因直接引述和间接引述的不同，所引底话中之代名词的“位”应加以改变。例如：

他望车外看了看说：“我要买几个橘子去。”

这是直接的引述，句中主辞用“我”字；假如原文不用引号，那么句中的“我”字，应该改成“他”字了。此外，文言文中的代名词，在习惯上，“之”字大都用于宾位及领位，如袁枚《祭妹文》“汝之诗[①]，吾已付梓”，王士祯《书剑侠事》“尼异人，吾须自往求之”。“夫”字，用于主位，如《左传》“夫独无族姻乎”；“其”字，用于领位，或子句中之主位，如《孟子》“求其放心而已矣”，《礼记》“亲其亲”。

用形容词，应注意于表数量的形容词。这种形容词或在名词

① 诗　底本作“书”，据《小仓山房诗文集》（P.1437）改。

之上，如“一月”“三年”；也可放在名词之下的，如“卷一”。又“二”“两”两词，“计数”常用“两”，如“两只猫”；“序数”常用“二”，如“第二年代”。计数常带量词，如上例的“只”字；序数中如加量词，上面一定写出“第”字，如上例。又“量词”有一定的习惯用法，“只”“石”“斤”“匹”固不能乱用，而另一种量词更不可随意改易，如“一钩新月”的“钩”字，“半亩方塘”的“亩”字，“一场春梦”的“场”字，“万种闲愁”的“种”字。

使用连词应注意的地方，便是安置连词的位置。如果这连词是一对连词并用的，如“虽然……但是……”等，上一词的位置应与下一词相称。例如《礼记》中的“虽愚必明，虽柔必强”，其中“虽”“必”同在抽象名词之上。又如《左传》中的“公子若反晋国，则何以报不谷”，“若”“则”为表假设之连词，“若”在动词“反”字上面，“则”也加在动词“报”字上面。语体文也是如此，如“与其说是‘希望的容光’，不如说是‘争竞的气概’”，此句“与其”“不如”的地位也是相称的。

词性之中最有问题的，是文言文中的“之”字和语体文中的“的”字。它们底用法很多，单就在名词、代名词下面[①]的“之”“底”而论，有许多说法。“之”“底”虽因文言、语体而有两种不同的字形，可是“之”古音“台”，一转而为“的”字，可

① 面 底本作“而”，据文意改。

见它们也是同出一源的。马建忠《马氏文通》将这两词作介词，现在讲文法的也以它为介词的居多。日人儿岛献吉郎的《汉文典》则定为连词，也有人以为是实体词下之语尾，更有人说它们是助词。此外，“所”字、“以”字、“于”字等等，也有许多可以商榷之处。所以上列所说的九品五类是否完全准确，还是一个值得研究的问题。

其实，词性的辨认，决不能单提出一个词来便可以决定的。我们应该看它在句中的地位和它底功能方能决定。如果泥定了上面的说法，说某一词一定属于某类，这是很大的错误。有许多学者根本反对讲文法，如中国古代的“文本无法”“文章本天成”的一说，又如美国克罗西（Croce）的主张，以为讲文法是一件很笨拙的勾当。但是我们既非上智，不能“拈花妙悟”，只得就文法来知道一个大约的轮廓，不过也不可忽略了它们底变化。

如果就它们底变化来说，上述几种界限几乎不能成立。“手”，我们通常将它当作名词的，但是“手工业”这一词中，“手”字是被当作形容词的；“人手一编”，“手”字有“拿”的意思，变成了动词；“手摹”之“手”却变成为副词了。这些在古书中有更多的例子，足以证明词类是可以活用的。九品词中往往都可以互相通用的。

（甲）名词

名词可以转为代名词。如“子”，古代男子之美称，属于名词，但文言文中又引申作第二人称代名词（你），如“子，西[①]岸之土也”。又可作动词，如“子庶民也”，作“爱”字解。又通作“慈”，《礼》“易直子谅之心，油然生矣”，《韩诗外传》“子谅”作“慈谅”[②]，则是一转而为形容词了。

名词又可作副词用的，大抵是象征用法。普通常用的，如“血经”之“血”，“碧绿”之“碧”，“天蓝”之“天”都是。又如“万商云集”的“云”字，“帆樯林立”的“林”字，本来都是名词引申而作副词的。又如“带”字本是名词，也可作“介词”；“自然”是名词，也可以作连词用；“耳”是名词，也可以作助词用。

（乙）代名词

现代所通用的代名词，大抵是原字底引申义。“它”本义是“蛇”；“我”为“俄顷”之意；“予”象“推予”之形；“尔”本象窗格的交纹；“汝”为水名；“彼”本义为“往”；“其”象箕之形；“之”为草的生长；“那”，多也；“这”，迎也。诸如此类，都与现代代名词之意义不同。所以作代名词的全是假借引申，而另有它们底本义在。

（丙）形容词

形容词从名词转的居多，如“女红”之与“红色”，其他如

---

① 西　底本作“东”，据《战国策》（P.374）改。

② 此条依据出于《朱子语类》：“读书自有可得参考处。如‘易直子谅之心’一句，‘子谅’，从来说得无理会。却因见《韩诗外传》‘子谅’作‘慈良’字，则无可疑。”据《朱子语类》（P.2256）注。

“男丁”“犬子”“猿臂”“玻璃窗”“芦苇席”等等皆是。动词亦可以转作形容词的，如“落花”“飞鸟”“招牌”“行人”等等。“好”字通常是形容词，而常用作副词，如“好大的胆量”“好不热闹”等等。

（丁）副词

副词的形成和代名词一样，都非本义。如“从前”“早就”“业经”等等。本为动词的，如“过”“完”“就”“在”。本为名词的，如“次”“趟”“回”，而“东、南、西、北”也可以用作“大江东去”“汉族西来”“孤雁南飞”“败北”等等。本为形容词的，如“单”“莫”“好”等。

（戊）连词、助词、介词、叹词

此四类所用的皆是引申义。例如“然”字本是动词“燃烧”的意思；“而”本是“胡须”，是名词，连起来便成连词而与本义无关。“於”本即乌鸦的“乌”，“能”即“熊”，“麽”即“幺麽”。“吓”“和”“与”皆是动词，所以就本义而言，并不属于这四类的。

古人作文，认为词类的活用，是很好的修词法，因此常常交相替用，并不受文法上的限制，用得适当也另有趣味。如《孟子》中的：

老吾老，以及人之老；幼吾幼，以及人之幼。

第一个“老”字、“幼”字，作动词用，其余是形容词借作名词用的。又如《世说新语》中的：

> 王安丰妇常卿安丰。安丰曰：“妇人卿婿，于礼为不敬，后勿复尔。”妇曰：“亲卿爱卿，是以卿卿，我不卿卿，谁当卿卿！”遂恒听之。

其中的“卿”字便有代名词和动词两种用法，文句便有另外的风趣。

古代将这九品词常常分成两大类，称作“虚字”和“实字”。大概将名词称作实字，其余通称虚字了。曾国藩《复李眉生书》中有这样的话：

> 虚实者，实字而虚用，虚字而实用也。何以谓之实字虚用？如“春风风人，夏雨雨人”，上“风”“雨”实字也，下“风”“雨”则当作“养”字解，是虚用矣。“解衣衣我，推食食我”，上“衣”“食”实字也，下“衣”“食”则当作“惠”字解，是虚用矣。“春朝朝日，秋夕夕月”，上“朝”“夕”实字也，下“朝”“夕”则当作“祭”字解，是虚用矣。“入其门，无人门焉者；入其闺，无人闺焉者”，上“门”“闺”实字也，下“门”“闺”则当作“守”字解，是虚用矣。后人

> 或以实者作本音读，虚者破作他音读……古人曾无是也。何以谓之虚字实用？如“步”，行也，虚字也；然《管子》之“六尺为步”，韩文之“步有新船”，與地名之瓜步、邀笛步，《诗经》之“国步”“天步”，则实用矣。“薄”，迫也，虚字也；然因其丛密而林曰“林薄”，因其不厚而帘曰“帷薄”，以及《尔雅》之“屋上薄”，《庄子》之“高门悬薄”，则实用矣。“覆”，败也，虚字也；然《左传》中设伏以败人之兵，其伏兵即曰“覆”，如“郑突为三覆以待之”“韩穿帅七覆于敖前”，是虚字而实用矣。“从”，顺也，虚字也；然《左传》于位次有定者，其次序即名曰“从”，如“荀[①]伯不复从”“竖牛乱大从”，是虚字而实用矣。

其实这种例子在古书中是很多见的。《左传》：“公若曰：尔欲吴王我乎？”此处将“吴王”作动词了。又如《庄子·秋水》篇：

> 惠子相梁，庄子往见之。或谓惠子曰：“庄子来，欲代子相。”于是惠子恐，搜于国中，三日三夜。庄子往见之，曰：“南方有鸟，其名鹓雏，子知之乎？夫鹓雏发于南海，而飞于北海，非梧桐不止，非练实不食，非醴泉不饮。于是鸱得腐

① 荀　底本作“苟”，据《曾国藩全集》（P.6272）改。

鼠，鹓雏过之，仰而视之，曰：‘吓！’今子欲以子之梁国而吓我耶？”

后面一个动词“吓”是由上文的叹词“吓”转过来的。此种活用法，可以表示更深刻、更具体的意念，实在比拘守文法生动得多。

九品词中最难用的是助词，最被文人所滥用的，是叹词。宋太祖本是武夫，他在“朱雀门”下见上面题有“朱雀之门”四字，便问赵普：“之字何用？”赵普告诉他：“是助词。”他大笑曰：“之、乎、也、者，助得什么？”一般人也常常觉得助词没有什么重要，但实际上和语气大有关系。“贤哉回也！”“也”有“啊”字的语气。“是谁之过欤？”“欤”字是“乎”字的轻音，“吗”字是“乎”字的重音，表示的语气的方式是一样的。“则苗勃然兴之矣”的“矣”字，有“了”字的语气；但再加一“哉”字，感情便加重了，“难矣哉”比“难矣[①]”的语气更重。我们应用的时候，一不妥当，语气便不顺了。

宋李耆卿在《文章精义》中说：“欧阳永叔《五代史》赞首必有‘呜呼’二字，固是世变可叹，亦是此老文章遇感叹便精神。”此说影响于后来颇大，造成了无病呻吟的恶习。其实叹词全靠视文句的感叹表情而用，并非以多用为贵，更不是遇感叹便有

① 矣　底本作“哉”，据文意改。

精神。古人文章之中，也有许多例子是感叹不用叹词的。如《西厢·借厢》：

> 不做周方，埋怨煞你个法聪和尚！

完全是感叹的句子，但不用叹词。又如：

> 予所否者，天厌之！天厌之！(《论语》)
>
> 所不与舅氏同心者，有如白水！(《左传》)
>
> 帘卷西风，人比黄花瘦！(李清照词)
>
> 一千五百年间事，只有滩声似旧时！(陆游诗)

这完全视当时口语而定，也并非不用感叹词，一定是上乘。如李白底“噫吁戏，危乎高哉，蜀道之难，难于上青天！”用了许多叹词，也不能不承认它是好文章。总之，词性的分辨，这乃是从前人底文章中归纳出来的一个原则，这原则不是一成不变的，有许多例外的用法，我们更须加以注意。

第六章 ○

实数与虚数

上文曾说过词类之中，以数字来作形容词，其中可以分作“计数”和“序数”两种。“计数”的字，又可以分作两种：一是“实数”，即实在准确而肯定的数字；一是“虚数”，即是不准确不肯定的数目。如说“一只狗”，决不能变成两只或其他的数目，所以这“一”字是实数；如“千千万万”，这不是一定有几千几万，不过形容数目之多而已，这是虚数。如《儒林外史》中的一节：

> 从浦口山上发脉，一个墩，一个炮；一个墩，一个炮；一个墩，一个炮。弯弯曲曲，骨里骨碌，一路接着滚了来。

其中的“一”字是实数，决不能以别的数字来代替。又如魏学洢的《核舟记》之结尾：

> 通计一舟，为窗八；为箬篷，为楫，为炉，为壶，为手卷，为念珠各一；对联、题名并篆文，为字共三十有四。

其中的数字，也是实数，不能改易。但是文章中的数字，实数却不甚多，除了记年记物记日月记事物的定数以外，极少见到。其中有一类似实数而非实数的，如李延年底“一顾倾人城，再顾倾人国”，其中“一”“再”虽是计数，却是序数，而“一”“再”的关系，却也并不确定的。同样，又如《黄台瓜辞》：

> 种瓜黄台下，瓜熟子离离。一摘使瓜好，再摘令瓜稀，三摘尚云可，四摘抱蔓归。

其中的数目，也只是表示次数而已。但按之事实，未必尽然，有些夸张的意味。其他如“站在一边”“一举而下”，与其说是定数，还是说它是“虚数”来得妥当些。

文章中的虚数最多见，而四字的复词中，所用之数目，大抵皆是虚数。其他也有很多的虚数。汪中在《释三九》中说：

> 夫人之措辞，凡一二之所不能尽者，则约之三以见其多；三之所不能尽者，则约之九以见其极多，此言语之虚数也。实数可稽也，虚数不可执也。何以知其然也？《易》：“近

利市[①]三倍。”《诗》：“如贾三倍。”《论语》：“焉往而不三黜？”《春秋传》：“三折肱为良医。”此不必限以“三”也。《论语》：“季文子三思而后行”，“雌雉……三嗅而作”。《孟子》：陈仲子食李“三咽”。此不必知其为“三”也。《论语》：子文“三仕、三已”。《史记》：管仲“三仕三见逐于君”“三战三走”；田忌“三战三胜”；范蠡“三致千金”。此不必其果为“三”也。故知“三”者虚数也。《楚辞》：“虽九死其犹未悔。”此不能有“九”也。《诗》：“九十其仪。”《史记》（应作《汉书》）：“若九牛亡一毛”，又“肠一日而九回”。此不必限以“九”也。《孙子》：“善守者藏于九地之下，善攻者动于九天之上。”此不可以言“九”也。故知“九”者虚数也。推之十、百、千、万，固亦如是。

其实，虚数不一定是“三”和“九”，不过以“三”“九”为最多见罢了。“一”字，如“一朝一夕”，言时间之短促。不加“一”字也可以，如“朝夕且死”“非朝夕之故”。又如“一手一足”的表示人手的缺乏，也是虚数。“三”除《释三九》所举之例以外，尚有“三省吾身”“日高三竿”“三头六臂”“一日三秋”。“四”字如“四海为家”“四面楚歌”“四分五裂”“狼烟四起”。“五”字

① 利市 底本作“市利”，据《述学校笺》（P.13）改。

如“五日一风”“五日京兆”“五花八门”。“六”字如“三对六面”“三头六臂”，往往与“三”字相连。“七”“八”两字，也常常连用，如“七张八嘴”“七大八小”“瞎七瞎八”。《坚瓠[1]集》中记载着一个歇尾的故事：

> 吴中黄生相掀唇，人呼为“小黄窍嘴”。读书某寺中。一日寺僧进面，因热伤手忒地。黄作歇后语谑之……僧亦应声戏曰：“七大八——，七青八——，七孔八——，七张八——。”盖隐“小黄窍嘴”四字，黄亦绝倒。

足见这一类词是很多的。“九”字除汪氏所举之例以外，如“九世之仇”“九秋之凉”。“十”字如“一暴十寒”“十目所视，十手所指”“十行俱下”“一目十行”。进而至于“百”，如“百官”“百姓”“百工”“百家”“百谷”等等，无非指数目之多。又如“百折不挠”“百发百中”“百战百胜”“百举俱胜”。又如“千”，“千金之子”“千门万户”“千山万水”。又如“万”字，如“协和万邦”“万人一心”“万死一生”等等。也是说数目之多的。

凡是形容数目之小，大抵用“一”，“九牛一毛”“拔一毛而利天下不为也”“万死一生”“一了百了”“五日一

① 瓠　底本作“觚”，以下引文出自褚人获《坚瓠集》（P.86），据改。

雨”“四海一家”“一日三秋”“一箭双雕”。以“一”字和“九”“十”“千”“万”“百”“五”“四”“三”“双”来作对比，与以“一毛”和“天下”作对比一样，完全是以多来衬其少的。如果不与其他数目作对比，则常用“半”来连用，如“一知半解”“一丝半缕”。或以两个“一”字复用，如“一粥一饭”“一手一足”“一饮一啄”等等。但这也都是虚数。

说数目之多，通常是“三”“九”“十”“百”“千”“万”“亿”等字。汪中以为“三”表示数目之多，“九”表示数目之极多，未必尽然。“三”字通常与“一”合称，是比较性的多数，“一日不见，如隔三秋”。如用“三”字相复，它底意思与用“百”字差不多的，如“三战三胜”和“百战百胜”，并没有什么两样。“九”字也通常与“九”以下之数目作对比的，“九死一生”与“万死一生”也差不多，因为它们的方式均是多少作比，所以可以表示同一意念。“十日九风雨”，说有十分之九，言其数目之多，和“三年两头闰”“两句三年得”一样。“百”表示多，有时与“万”字通，如“百姓”亦称“万姓”，“百岁”也可作“万岁”。“千”字常与“百”字连用，不是作对比，而是极言其多的。它们底关系，正如“百”和“十”一样，完全是等级的关系。但是其中也有不可通用的，如“千金”与“百金”，前者常指虚数，后者常指实数。“百物”指百货，而“万物”指宇宙间的一切生物和无生物而言。“亿”字不常见到，《诗经》中有“子孙千亿”底话，它底目的，也不过说它底多而已。

数目之中，只有“三”和“千”字是平声，其他皆是仄声，所以应平的地方，全用“三”“千”两字。所以“三”“千”两字用得很多，连起来作一个常用的虚数。孟尝君食客三千，孔子弟子三千，蟠桃三千年一结果……此例甚多。试举文章中用虚数之例，证明大都是以平仄来作调剂的，如：

万水千山，知他故宫何处？——宋徽宗词

在这万户千门的世界里，我能做些什么呢？——朱自清《匆匆》

千山鸟飞绝，万径人踪灭。——柳宗元《江雪》

欲穷千里目，更上一层楼。——王之涣诗

昔三世而无惭，今七叶而方落。——庾信文

犹得敧侧八九丈，纵横数十步，榆柳两三行，梨桃百余树。——庾信文

此外，虚数的运用，又视习惯而定。上述“千金”“百金”及“百物”“万物”之不同，即属此例。又如“万年”“千古”本是同一说法，但习惯上有“流芳千古”“遗臭万年”之说，因此也不能混用。因为“芳”字平声，所以下连“千古”；“臭”是仄声，所以下连“万年”。但词意却因此变了。又如“千里马”“万年

青”“百世师”“十里红”“一瓣香”已成为专用的名词，它所带的虚数也不能改易了。

又有许多数目，说不出理由，而常常为人们所喜用的，或者为了口语之协韵而设。如“天明四十五，逃到河南归德府”“三十六着，走为上策”“不管三七二十一”……这类大概为了口语方便，而随意谐出上文来的。

总之虚数的用法，不外乎两种：一是以多数少数作比较而喻数目之多或少的；二是以“三”“九”“十”“百”“千”“万”来形容其数之多的。而后一种却比前一种更为多见。如萧淑兰《菩萨蛮》：“忆了千千万，恨了千千万；毕竟忆时多，恨时无奈何。”林嗣环底《口技》：“虽人有百手，手有百指，不能指其一端；人有百口，口有百舌，不能名其一处也。”皆是形容其数目之多，而不指准确的数目的。

此外尚有一种数目，类似实数，而实即虚数，即所谓“举成数而言”的数目。如《诗经》本三百另五篇，而《论语》上则称“《诗》三百”。陆游怀屈原诗：“一千五百年间[①]事，只有滩声似旧时。”宋代至战国大概是一千五百年，但决不是整数，也是但举成数而说的。此数离实数相去并不甚远，但也只是一个虚数。《汉书·武帝纪》“表章六经，罢黜百家”，而《汉书·艺文志》载有

① 间　底本作“前”，据《剑南诗稿校注》（P.790）改。

诸子百八十九家，所以“百家”也不是实数。又如“三十六行”，又称“三百六十行”，两个数目，相差十倍。《通俗编》中说：“元人但云一百二十，增多为三百六十，乃明人言耳。”其实也是言行业之多，数目不同，是没有关系的。《清稗类钞》中说得好：

> 三十六行者，种种职业也，就其成数而言，俗为之一一指定分配者，罔也。

所以凡是虚数，不能实指。如谷类通称为“百谷”，也是言其种类之多，并不整整地有一百种。但是后人以为《书经》中有“汝后稷播时百谷”的话，便加以附会，以为“百谷”一定有一百种。如《尔雅翼》所说：“古人说百谷，以为粱[①]者黍稷之总名，稻者溉种之总名，菽者众豆之总名，三谷各二十种，为六十，疏果之实助谷，各二十，凡为百谷。予以为谷之种类，每物不下十数，亦何假疏果而后为百耶！”其实这种分辩，也是白费心思的。

---

① 粱　底本作“粟”，据《尔雅翼》（P.9）改。

第七章 ○

遣词的方法

遣词并不是一件容易的事。贾岛诗:“两句三年得,一吟双泪垂。”又有一位诗人说:“吟安一个字,捻断数茎须。”古今文人,往往为了一个字,费了许多的斟酌,用过许多的苦心。贾岛和韩愈讨论“鸟宿池边树,僧敲月下门”的“敲”字,究竟还是“敲”字好呢,还是“推”字好,传为古今美谈。这也是经心锻炼文字的佳话。

刘勰以为文人往往富于万篇而窘于一字,这话很对。因为字是句的基础,字用得不妥当,便连累了整篇文章。杜甫诗:“新诗改罢自长吟。”袁枚诗:“一诗[①]千改始心安。”白居易诗:“旧句时时改。”《随园诗话》也说:

① 诗 底本作“字”,据《小仓山房诗文集》(P.932)改。

白香山诗似平易，闲观所存遗稿，涂改甚多，竟有终篇不留一字者。

《扪虱新话》载欧阳修“平昔为文章，每就纸上净讫，即黏挂斋壁，卧兴看之，屡思屡易，至于终篇不留一字者”。所以如此，足见用字之难，非屡加改易不能适当的缘故。

遣词的方法可以分作“消极”和“积极”两方面，前者但求无过，而后者重在适当。现在将这两项分别述说于后。

一、消极方面

遣词消极方面应做到的是“明白”“准确”“平易”三个条件。

文章是代口舌的工具，目的使别人了解你底意思，因此第一个条件应该是明白。《论语·卫灵公》篇：“子曰：辞达而已矣！”所谓“达”便是明白的意思。杨慎在《谭苑醍醐》中解释道：

夫有浅言之而不达，深言之而乃达者；详言之而不达，略言之而乃达者；正言之而不达，旁言之而乃达者；俚言之而不达，雅言之而乃达者。[①]

遣词要适合境地，以达为主。古代文章之中，也往往有费解之辞

---

① 此段引文出自方以智《文章薪火》，乃引述杨慎《谭苑醍醐》后加以发挥之论，据《通雅》（P.86）注。

的，如《论语》中的：

攻乎异端，斯害也已。

据钱大昕的解释，有两种解释法：一、以“攻”字解作“治”，“已”作助词；二、以“攻”作“攻击”讲，“已”解作“止”。便使人费解。又如同书：

子路无宿诺。

何晏以“宿诺”解作“豫诺”，子路不轻易答应别人做事。而朱注以为“宿，留也”，说子路急于践言，不留其诺。这两说意思恰恰相反，这也是原文不明白所生的毛病。又如韩愈《杂说》：

世有伯乐，然后有千里马。千里马常有，而伯乐不常有。故虽有名马，只辱于奴隶人之手，骈死于槽枥之间，不以千里称也。

第一“千里马”和第二“千里马”代替两个不同的意念，前一个“千里马”说伯乐所赏识的“千里马”，后一个“千里马”是指实在而并不出名的“千里马”。如果不加分析，便觉这两句话自相矛盾了。又如王安石的《褒禅山记》中:“其文漫灭，独其为文犹可识。”上一“文”字代表“文章”，下一“文”字代表文字，也是容易令人疑惑的。又如《滹南遗老集》中说:

> 退之《行难篇》云:“先生矜语其客曰:‘某胥也，某商也。其[①]生，某任之。其死，某诔之。’”予谓上二“某”字，胥商之名也。下二“某”字，先生自称也。一而用之，何以别乎?

所以在同一篇什中，用了形同而义不同的字，往往会有不明白的弊病的。又如《聊斋志异·张诚》一篇中有“张常客豫，遂家焉，娶于豫，生子讷，无何卒”一段话,“无何卒”三字不明白，不看下文，不知道“卒”的是张，是讷，还是妻。这是主语含糊的缘故。

不明白的毛病，有些是因为刻意求古的缘故。如信札一定要说“鸿雁”“双鲤”“玉珰”。说镜子，一定要用“圆冰”“菱花”“秦台”。又如《法言》中的一节话:

> 或问君，曰“明光”;问臣，曰“若禔”。敢问何谓也?

---

① 其　底本作“某”，据《王若虚集》(P.418)改。

曰："君子在上，则明而光其下；在下，则顺而安其上。"

可见"若禔"即是"顺安"的意思，不用"顺安"而用"若禔"，便不易明白。《小柴桑喃喃录》：

元末闽人林鈛为文好用奇字，然非素习，但临文检书换易，使人不能晓。稍久，人或问之，并鈛亦自不识也。昔有以意作草书，写毕付侄誊录。侄不能读，辄指字请问。伫视良久，恚曰："何不早问？"所谓热写冷不识，皆可笑。

但古代文人往往犯了这种毛病。宋祁修史，往往以僻字换入文中。欧阳修乃书"宵寐匪祯，札闼洪庥"八字于门。宋祁见而问之，欧阳修说，这是你修《唐书》的法子，"宵寐匪祯"即"夜梦不祥"，"札闼洪庥"即是"书门大吉"。这也是和上例相似的故事。又如郎瑛《七修类稿》所载：

虞子匡一日递一诗示余曰："请商之，何如？"余三诵而不知何题。虞曰："吾效时人换字之法，戏改岳武穆送张紫崖北伐诗也。"其诗曰："誓律飙雷速，神威震坎隅。遐征逾赵地，力战越秦墟。蹀蹂匈奴顶，戈歼鞑靼躯。旋师谢彤阙，再造故皇都。"岳云："号令风霆迅，天声动北陬。长驱渡河洛，直捣向燕幽。马喋月氏血，旗枭可汗头。归来报明主，恢复旧神州。”不过逐字换之，遂抚掌大笑。

我们遣词，必须做到“明白”这一点。只须“文从字顺”，不必刻意求古，所用字面更须求其人人能晓。别人不懂你底文章，你底文章便失去了文章的效力了。

所谓“准确”，即是妥当的意思。即使文句可以明白，但所说的不准确，也使人感到头痛。古人文章中常有此病。如《礼记》中的：

大夫不得造车马。

猩猩能言，不离禽兽。

“车”可以说“造”，但是“马”怎样可以说“造”呢？“猩猩”是兽，但不是“禽”，何以下面可以用禽兽？这是很显明的错误。陈骙《文则》称它们作“病辞”。又如《论语》中的：

沽酒市脯不食。

“酒”字下面用“食”字也不准确，应该作“沽酒不饮，市脯不食”，才对。又如《易经》中的：

润之以风雨。

“润”字和“风”字也不甚妥当。又如《滹南遗老集》中说《史记·屈原传》中的“每一令出，平伐其功曰‘以为非我莫能为也’”,“以为”和“曰”字重出。又评韩愈《送温处士赴河阳军序》中的：

伯乐一过冀北之野，而马群遂空。夫冀北马多天下，伯乐虽善知马，安能空其群耶？解之者曰：“吾所谓空，非无马也，无良马也。”此一“吾”字害事。夫言群空及解之者自是两人，而云“吾所谓”，是言之者自解也。

这两说都是用词不准确的例子。同书又说：

退之《盘谷序》云：“友人李愿居之。”称“友人”则便知为己之友，其后但当云“予闻而壮之”，何必用“昌黎韩愈”字？柳子厚《凌准墓志》，初称“孤某以其先人善予以志为请”，而终云“河东柳宗元哭以为志”；山谷《刘明仲墨竹赋》，初称“故以归我”，而断以“黄庭坚曰”，其病亦同。盖“予”“我”者自述，而姓名则从旁言之耳。刘伶《酒德颂》，始称“大人先生”，而后称“吾”；东坡《黠鼠赋》，始称“苏子”，而后称“予”……皆是类也。

这议论非常允当，可以为法。欧阳修《真州东园记》有“水，吾泛[①]以画舫之舟”一语，邵博《闻见后录》以为“画舫之舟”有语病。王羲之之《兰亭集序》中有“虽无丝竹管弦之盛”一语，周煇《清波杂志》中说：

《兰亭序》“丝竹管弦”或病其说，而欧阳公《记真州东园》“泛以画舫之舟”，南丰曾子固亦以为疑。

因为“舫”字和“舟”字重复，“丝竹”和“管弦”重复。这些都是叠床架屋的病。魏际瑞《伯子论文》中曾批评到文中用词不准确之病道：

人以文字就质于人，称曰“正之”；忽念“政”者“正”也，改称曰“政”；又念“正”者必须删削，乃曰“削政”；又念斧斤所以削也，转曰“斧政”；又念善斧斤者，莫如郢人，易曰“郢政”，且或单称“郢”。而最奇者，以为孔子笔削《春秋》，而《春秋》绝笔于获麟，遂曰“麟郢”。愈文而

① 泛　底本作“乞”，据《欧阳修诗文集校笺》（P.1029）改。

> 愈不通，令人绝倒。

又如“青州从事”代替美酒，“平原督邮”代替劣酒。古人以为美酒及于脐，劣酒及于膈。“脐”“齐”音近，“膈”“鬲”音似，“齐”“鬲”又属地名，即“青州”与“平原”，所以转称“青州从事”与“平原督邮”了，这也是费解的。这些都叫做不准确。

《颜氏家训·文章》篇引沈约底话道：

> 凡为文章，当从三易：易见事，一也；易识字，二也；易读诵，三也。

这便是主张用词要平易的话。平易也不是一件容易做到的事。诗中致力于平易两字，莫如唐代的白居易。《冷斋夜话[1]》载：

> 白乐天每作诗，令一老妪解之。问曰：“解否？”妪曰“解”，则录之；“不解”，又复易之。

这种使文艺大众化的精神是非常值得我们佩服的。但宋代如欧阳修也曾反对他过，他底《六一诗话》中有一则道：

---

① 话 底本作“语”，以下引文出自惠洪《冷斋夜话》（P.17），据改。

> 仁宗朝，有数达官常慕白乐天体，故其语多得于容易。尝有联云："有禄肥妻子，无恩及吏民。"有戏之者云："昨日通衢遇一辎軿车，载极重，而羸牛甚苦，岂非足下'肥妻子'乎？"闻者以为笑。

这种责备也是吹毛求疵的。语得于容易，也并非是病，况且《随园诗话》所载，白诗涂改甚多，有终篇不留一字，则以"得语容易"之罪加于白居易之身，也未免武断。明代袁宗道很爱白居易、苏轼底诗文，因此也主张我写我口。其弟宏[①]道《与丘长孺书》中说：

> 大抵物真则贵，真则我面不同于君面，而况古人耶？

刻意求雅，故意使文章晦涩，并非是作文的好方法。颜之推《家训》说："博士卖驴，书券千纸，未有驴字。"这话真足以骂倒那一般"好古之徒"了。凡是平易之文，容易流露性灵。袁枚以为："凡诗之传者，都是性灵，非关堆垛。"又说："有读破万卷不得阃奥者，有妇人女子、村氓浅学偶有一二句，虽李杜复生，必为低首者。"都是求平易的话。苏轼诗：

① 宏 底本作"中"，以下引文出自袁宏道《与丘长孺书》，据《袁宏道集笺校》（P.284）改。

醉寻牛矢觅归路[①]，家在牛栏西复西。

“牛矢”是口头常语，但文人不敢用入诗中。此诗中的“牛栏”“牛矢”何尝因此而损害诗意？又如清冯班诗：

欲问北来辛苦事，马通燃火夜缝靴。

“马通”即是“马粪”，以“马粪”入诗，道学家见了一定怫然变色，但是却仍不失为好诗。所以明代邱浚论作诗道：

摛语操辞不用奇，风行水上茧抽丝。寻常景物口头语，便是诗家绝妙辞。[②]

这见解是很对的，但是一般古人却不肯如此。《闻见后录》记载着一个故事：

刘梦得作《九日》诗，欲用“糕”字，以五经中无之，辍不复为。宋子京以为不然，故子京食糕有诗云：“飙馆轻霜拂曙

---

① 苏轼《被酒独行遍至子云威徽先觉四黎之舍三首·其一》此句原作：“但寻牛矢觅归路。”据《苏轼诗集》（P.2322）注。

② 邱浚《答友人论诗》原作：“吐语操辞不用奇，风行水上茧抽丝。眼前景物口头语，便是诗家绝妙辞。”据《历代诗话续编》（P.1317）注。

袍，粿糍花饮斗分曹。刘郎不敢题糕字，虚负诗中一代豪。”

刘禹锡可算是一个不懂得“平易”的诗人了。使文章大众化，遣词更应平易。有许多人用土语加在文章里，或写出当时说话的情形，可使文章逼真。如《尚书·顾命》有“奠丽陈教则肄肄不违，用克达殷集大命”。江声疏云：

肄，习也。重言之者，病甚，气喘而语吃也。

又如鲁迅《鸭的喜剧》：

蝌蚪成群的在水里面游泳，爱罗先珂君也常常踱来访他们。有时候，在旁的孩子告诉他说：“爱罗希珂先生，他们生了脚了。”他便高兴的微笑道：“哦！”

孩子们将“先”字叫成“希”字，读者如亲自耳闻一样。又如适夷在《战地的一日》中述一个粤省士兵底话：

我们打江西的时候，打进一个地方，一个老百姓也不见，要吃的冇吃，要住的冇住。墙头上写了许多大字：穷人冇打穷人。老百姓见了我们比鬼还怕。

“吭”字也是如此。《侯鲭录》以为，李后主词“酒恶时拈花蕊嗅”是金陵人的土语，“酒恶”即是“酒醉”的意思。《文则》：

诗文之待训而明者，亦本风土所宜。且“王室如[1]毁”，使齐人读之，则“毁”为常语；“六日不詹”，使楚人读之，则“詹”为常语。

但是文章有时地的关系，但求合于这两个条件，力求平易。试看《史记·五帝本纪》常以今语译述古语以求其平易的：

若稽古帝尧……克明俊德，以亲九族；九族既睦，平章百姓；百姓昭明，协和万邦……允厘百工，庶绩咸熙。帝曰：“畴咨若时登庸？”放齐曰：“胤子朱启明。”帝曰：“吁！嚚讼[2]，可乎？”（《书经·尧典》原文）

帝尧者……能明驯德，以亲九族；九族既睦，便章百姓；百姓昭明，合和万国……信饬[3]百官，众功皆兴。尧曰：“谁可顺此事？”放齐曰：“嗣子丹朱开明。”尧曰：“吁！顽凶，不用。”（《史记》译文）

---

① 如　底本作“为”，据《文则》（P.22）改。
② 嚚讼　底本作“嚣詘”，据《十三经注疏·尚书正义》（P.256）改。
③ 饬　底本作“劳”，据《史记》（P.17）改。

这样一来便较原文平易得多了。训诂之中，有一类以今语释古语的。如《尔雅》中的“初、哉、首、基、肇、祖、元、胎、俶、落、权舆，始也”。这是以今语释古语“初、哉”等等的。又如《孟子》引了一句《书经》“洚水警予”，他接着解释“洚水者，洪水也”；又引了一句《诗经》“无然泄泄”，又解释道“泄泄，犹沓沓也”。因为今古方言不同，用古语嫌它不平易，就用今语来解释古语了。这也是求平易的例子。《左传》:

楚人谓乳，谷；谓虎，於菟。

“谷”“於菟”，是楚国人底方言。《左传》上以为它太不平易，便再以普通的言语加以解释。这也是训诂中的一种。足见文章的目的，在求平易，不以艰深为贵，尤不以古为尚。袁宏道[①]说:

盖诗文至近代而卑极矣，文则必欲准于秦汉，诗则必欲准于盛唐，剿袭[②]模拟，影响步趋，见人有一语不相肖者，则共指为野狐外道。曾不知准秦汉矣，秦汉人曷尝字字学六经欤？准盛唐矣，盛唐人曷尝字字学汉魏欤？秦汉而学六经，

① 宏道　底本作“小修”，以下引文出自袁宏道《叙小修诗》，据《袁宏道集笺校》(P.188) 改。

② 袭　底本作“装”，据《袁宏道集笺校》(P.188) 改。

岂复有秦汉之文？盛唐而学汉魏，岂复有盛唐之诗？唯夫代有升降，而各不相沿，各极其变，各穷其趣，所以可贵，原不可以优劣论也。

清季金和又提倡作诗须自作新词之说，他以为“万卷读破后，一一勘同异。更从古人前，混沌辟新意”。又说：

所作不能纯乎纯，要之语语皆天真。时人不能为，乃谓非古人。

黄遵宪《人境庐诗草》也有“我写我口”的主张，以为作诗不可强附古人：“我手写我口，古岂能拘牵？即今流俗语，我若登简编，五千年后人，惊为古斑斓！”又道：

各人有面目，正不必与古人相同。吾欲以古文家抑扬变化之法则作古诗，取《骚》、《选》、乐府、歌行之神理入近体诗，其取材以群经、三史、诸子、百家及许、郑诸注为词赋家不常用者，其述事以官书、会典、方言、俗谚及古人未有之物、未辟之境，举吾耳目所亲历者，皆笔而书之，而不失为以我之手写我之口。

这种议论，确有特到的地方，足为我们之法式。他们之所以是今非古，其目的，也不外乎求文章的平易而已。

二、积极的方法

消极的做到了，词的应用已无错误，再进而讨论积极的遣词之法。文章做到了明白、准确、平易的地步，未必一定是好文章，还得考虑如何才可以使它美妙。积极的方法，一是“适合”，二是“生动”。这两者是必须做到的。

遣词如何方才可称适合？同一意念，有许多词儿可以应用，应该用那一个最对呢？《报任少卿书》[①]“恐卒然不可为讳”；《战国策》“愿及未[②]填沟壑而托之”，又“一旦山陵崩”；归有光《先妣事略》“又期而生子女，殇一人，期而不育者一人”，又“孺人卒”。其中“不可为讳”“填沟壑”“山陵崩”“殇”“不育”“卒”同是“死”的意思，为什么用法不一律？这是无疑地为了求适合的缘故。如果将上文倒置互换一下，便不成话。《礼》：“生，曰父曰母；死，曰考曰妣。”足见称“父母”与“考妣”又是不相同的。当求最妥当的一词，便是使遣词适合的方法。弗罗贝尔（Gustav Flaubert）教他底学生莫伯三（Guy de Maupassant）说：

---

① 《报任少卿书》 底本作《史记》，据《全上古三代秦汉三国六朝文》（P.271a）改。

② 及未 底本作“未及”，据《战国策》（P.770）改。

> 我们所要表出的什么，这里只有唯一的字可以表示它：说明它底动作的，只有唯一的动词；限制它底性质，只有唯一的形容词。我们不能不搜求这唯一的名词、动词及形容词，直到发现为止。就是发现了近于这字的[①]字，还是不能满足的。这事更不能以为困难便马虎了事。

这真是至理名言。我们不能因为困难而不去下这一部分抉择的工夫的。古代文人，也曾为了这件工作而费去许多的心血。明越卓凡说："偶见昔吟诗，虚心一检视。读未及篇终，惭怖几无地。芜荒略能刊，深奥殊未至。不知当时[②]心，何以亦得意？间有心所会，至今不可易。此带性灵来，百中无一二。"足见觅取最适当的词儿之不易了。《容斋五笔》中记载着一个故事：

> 范文正公守桐庐，始于钓台建严先生祠堂，自为记。其歌词云："云山苍苍，江水泱泱，先生之德，山高水长。"既成，以示南丰李泰伯。泰伯读之，三叹味不已，起而言曰："公之文一出，必将名世。某妄意辄易一字，以成盛美。"公瞿然握手扣之。答曰："云山江水之语，于义甚大，于词甚溥，而'德'字承之，乃似趚趚，拟作'风'字如何？"公

① 的　底本残缺，据文意补。
② 时　底本作"何"，据《黔诗纪略》（P.698）改。

凝坐颔首，殆欲下拜。

又《唐诗纪[1]事》云：

贞白，唐末大播诗名，《御沟》为卷首。云：“一派御沟水，绿槐相荫清。此波涵帝泽，无处濯尘缨。鸟道来虽险，龙池到自平。朝宗心本切，愿向急流倾。”自谓冠绝无瑕，呈赠贯休。休曰：“甚好，只是剩一字。”贞白扬袂而去。休曰：“此公思敏。”书一字于掌中。逡巡，贞白返，忻然曰：“已得一字。云：‘此中涵帝泽。’”休将掌中字示之，正同。

其实，第一例用“德”字，第二例用“波”字，也未尝不通。但是最妥当的是“风”字和“中”字。足见文章已通顺之后，还得力求其积极的功效。《唐音遗响》中载任翻在台州东壁上题诗道：“前峰月照一江水，僧在翠微开竹房。”既去，行十多里，忽然想到“一”字不如改作“半”字，立刻又回来，但壁上已有人将“一”字改作“半”字了，因叹台州有人。又如宋代杨简替真宗写信给契丹，有“邻壤交欢”一句，真宗以为“壤”字给人们底印象不很好，所以改作“邻境”。照字实说来，“半江”和“一

---

① 纪　底本作“记”，以下引文出自计有功《唐诗纪事》（P.1005），据改。

江”是事实问题，不能改移；而“境”与“壤”同义，不改也无妨。但是“半江”却较“一江”为具体，“境”字比较可以使读者惬意些。因此所改的两字，便比较原来的字为适合了。

浦起龙注《史通》中有这样底话：“字该义不同，有在昔为是，而在后因之则非者。”这话很对。文章与时代有关系，和地域也有关系，沿用成文，反而会变成不适合的。如《史通·因习》篇所说：

> 《史记·陈涉世家》称其子孙至今血食；《汉书》复有涉传，乃具载迁文。案迁之言今，实孝武之世也；固之言今，当孝明之世也。事出百年，语同一理。即如是，岂陈氏之苗裔，祚流东京者乎？斯必不然。《汉书》又云：“严君平既卒，蜀人至今称之。”皇甫谧全录斯语，载于《高士传》。夫孟坚、士[①]安，年代悬隔，“至今”之说，岂可同云？夫班之习马，其非既如彼；谧之承固，其失又如此。迷而不悟，奚其甚乎？

清林纾翻译西洋小说，说一人大怒的姿态，是“拂袖而去”。胡适笑他：这人穿的是否是剑桥大学底长袖制服？足见时代地域

① 士 底本作“大”，据《史通通释》(P.137)改。

之不同，不能因袭成文。所以有许多词语在古代是适用的，而在现在却不适用；在某一地域是适宜的，而在另一个地域却成为疵累。我们选词应该先下观察和研究的工夫，自能左右逢源，处处适合了。

第二个条件是“生动”。适合之外，更求其用字能传出整句底性情。《晋书》中顾恺之画人像，数年不点睛，说：“传神写照，正在阿堵中。”我们遣词也有这一种情形。晁无咎评欧阳修底词“绿杨楼外出秋千”，只一“出”字自是后人不到处。《石林诗话》也称王安石编《百家诗选》“暝色赴春愁”一句中的“赴”字，宋次道本改作“起”字，王安石又改作“赴”字，说：“若是‘起’字，人谁不能到。”上两例中“出”“赴”两词，的确是不平凡的用法，较之原来两词也生动得多了。又如《容斋笔记》所载：

> 王荆公绝句云：“京口瓜洲一水间，钟山只隔数重山。春风又绿江南岸，明月何时照我还？”吴中士人家藏其草。初云“又到江南岸”，圈去“到”字，注曰“不好”，改为“过”字，复圈去“过”字而改为“入”，旋改为“满”。凡如是十余字，始定为“绿”。

这几个字中，比较起来，是“绿”字最有趣了。因为其他皆是“动词”，而“绿”字是由形容词转成动词的，比其他更具体而生动。同书又载：

> 黄鲁直诗：“归燕略无三月[①]事，高蝉正用一枝鸣。”“用”初曰“抱”，又改曰“占”、曰“在”、曰“带”、曰“要”，至“用”字始定。予闻于钱伸[②]仲大夫如此，今豫章所刻乃作“残蝉犹占一枝鸣”。

这一例，我底意见，比较以“犹用”为适当，但是却谈不上生动。

从上文几例看来，我们知道使文句生动的方法，一种是词类的活用。如韩愈《原道》中的“人其人，火其书[③]”，孙觌《上梁表》中的“老蟾驾月，上千岩紫翠之间；一鸟呼风，响万木丹青之表”，又如朱熹改张栻诗“卧听急雨打芭蕉”为“卧闻急雨到芭蕉”……其中“人”“火”“上”“响”“到”等等都是活用词类的。另一种是助字的运用。使文句活泼，助词往往是一个重要的关键。例如《孟子》中叠用三个“也”字，而说话的神气全出：“无伤也，是乃仁术也，见牛未见羊也。”又如桓温见昔时所种之树，皆已大长，叹息着说：

① 月　底本作“日”，据《容斋随笔》（P.320）改。

② 伸　底本作“仲”，据《容斋随笔》（P.320）改。

③ 书　底本作“庐”，据《韩昌黎文集校注》（P.19）改。

树犹如此，人何以堪！

也活写出当时胸中的感伤。另一种方法是将人类的情感，加之于事物的身上，文句便更见生动。或者甲事物的性状形容词加在乙事物上，也可以发生同样的效力。词和诗中这种例子很多。如“醉鞍”“离襟”“怒发”“万里客”“归梦”……完全以适用于人类之词加在物上的；又如“桃脸”“樱唇”“贝齿”……是以物来形容人的。《诗人玉屑》中载杨万里底话道：

白乐天女道士诗云：“姑山半峰雪，瑶水一枝莲。”此以花比美妇人也。东坡海棠诗云：“朱唇得酒晕生脸，翠袖卷纱红映肉。”此以美妇人比花也。

但用词却不如此，通常用一个词儿来说明的。李义山诗“春蚕到死丝方尽，蜡炬成灰泪始干”，王之涣底“羌笛何须怨杨柳，春风不度玉门关”，杜甫底“颠狂柳絮随风舞，轻薄桃花逐水流”，温庭筠底“梧桐树，三更雨，不道离情正苦；一叶叶，一声声，空阶滴到明”，无名氏底“平陵漠漠烟如织，寒山一带伤心碧”……都是以物比人的例子。又如赵令畤[①]底“重门不锁相思梦，随意绕

① 畤　底本作“时（時）”，以下引文出自赵令畤《乌夜啼·春思》，据《全宋词》（P.642）改。

天涯”，“锁”字本来是应该加在“门”字上的动词，现在却加到“梦”字上去。又如辛弃疾底“敲碎离愁，纱窗外风摇翠竹”，“离愁”本来无所用其“敲碎”，完全是由于下文“风摇翠竹”而来的。此外如张先底“午睡醒来愁未醒”，愁无所谓“醒”，是跟了上文“午睡”而来的。但此种用法，必须甲乙两物共同出现，方可应用。凡此种种，都是使读者印象深刻化的方法。印象深刻了，文句自然生动起来。

但是往往有许多文人，求活用求生动一变而为怪特了。这也是矫枉过正的病。因为求活用也得有个一定的限度，求生动也有相当的标准。太离事实，便犯了不明白的病。王若虚底《滹南遗老集》中评黄庭坚诗“青州从事斩关来”与“残暑已促装”的“斩关”“促装”等词，“令人骇愕”。《历代诗话考索》：

> 李太白云：“白发三千丈，缘愁似个长。”王介甫袭之云“缫成白发三千丈”，大谬。卢仝诗云：“草石自情亲。”黄山谷沿之云“小山作朋友，香草当姬妾”，读之令人绝倒。

又如《世说新语》所载：

> 孙子荆年少时，欲隐，语王武子当“枕石漱流”，误云“漱石枕流”。王曰：“流可枕，石可漱乎？”孙曰：“所以枕

> 流，欲洗其耳；所以漱石，欲砺其齿。”

虽则勉强说通了，但“枕流漱石”的话，终是险怪一路。又如江淹《别赋》中的“孤臣危涕，孽子堕心”，“危”“堕”两字应该易置。如江氏之文，也犯了求异太过的病了。又如《左传》中的“谚所谓室于怒，而市于色”，《太平御览》校正作“谚所谓怒于室，而色于市”，也是因为原文所用之词，似太求异，而涉险怪，所以改为常用的句式。

上述“积极”“消极”两端，均是遣词上必须加以注意的事项。但是要做到这几点，必先下研究词语的工夫。其基本工作，即是“辨音”“审形”“释义”。这三者之重要，前面已经专章分述过了，现在再就遣词的方面综述一下。

不审字形，无论作文以及研读古书均成问题。记得有一个故事：一个考生，胸无点墨，临场托人代枪。原文用行书写，中有一句是“昔贤云”三字，而考生抄录时误作“廿一日上天去”。于是主考批道：“该生员上天有日，本学台不敢挽留。”这岂非笑话？又如《孟子》中有“必有事焉而勿正，心勿忘，勿助长也”，焦循以为应作“必有事焉而勿忘，勿忘，勿助长也”。“正”“心”两字误刻，应该合成“忘”字。又如《战国策》有“触詟愿见太后”，注者谓战国时只有触龙，此句应读作“触龙言愿见太后”。凡此种种应以审形入手。

辨音，也是一件重要的事。古人虽有同音假借之例，但现代作文应画分清楚。虽则有许多是可以允许通用的，但也只不过是笑谑上偶然用之。如俞弁《山樵暇语》中所记的酒令：

张良、项羽争一伞，良曰“凉伞”，羽曰“雨伞”。许由、晁错夺一瓢，由曰“油葫芦”，错曰“醋葫芦”。

又如曹臣《舌华录》所载，石曼卿尝外出，失足坠马，他徐徐地说道“赖我是石学士，若瓦学士，则跌碎矣”，皆同此例。但是普通文字音同者，未必通用。如“必需”与“必须”，上一词常作形容词或动词、名词，下面的受词一定是实体词；下一词是作动词用的，有时也可以作副词。《世说新语》：

梁国杨氏子，九岁，甚聪慧。孔君平诣其父，父不在，乃呼儿出。为设果，果有杨梅。孔指以示儿曰：“此是君家果。”儿应声曰：“未闻孔雀是夫子家禽。”

这例子是将“杨梅”之“杨”，当作“杨姓”之“杨”；“孔雀”之“孔”，当作“孔姓”之“孔”。清褚人获底《坚瓠集》中也有同样的故事。有人送枇杷一篮给沈石田，将“枇杷”两字错写成“琵琶”。石田写一封回信给他说：

承惠“琵琶”，开奁视之，听之无声，食之有味。乃知司马挥泪于江干，明妃写怨于塞上，皆为一啖之需耳。嗣后觅之，当于杨柳晓风、梧桐夜雨之际也。

完全是借题发挥的。只因原函以“琵琶”“枇杷”同音而误用，以致弄出这个笑话来。

辨义的工夫很难，范围也最广阔。不同义的字，固应分辨；即同义而相近的词语，更应抉择得宜，明白它们底分别。文言文和语体文的分别，其一也在于此。文言文往往混用同义字，而不加说明，如同一“道”字，可以解“道德”“道理”“道说”“道路”……而在语体文中便不宜单用“道”字，应写明“道德”“道理”“道路”……方才明白。又如“竭力”一词，文言中往往但用“力”字，而语体文中便须用“竭力”。又如“危”“险”两字本属同义字，但“险”指“险要”“险恶”，而“危”则指形势之危险而言。“天险”固然不能作“天危”，“乘人之危”也不能作“乘人之险”的。文言中，老友称“故”人，而旧屋则说“老”屋，旧苑称为“旧”苑。又如文言中用“尔”“子”作“你”的代称，“尔”又可以作“如此”，但语体文中却不如此。同指时间，有“顷刻”“不久”“俄而”“一刹那”“一霎”“转瞬”“弹指”“顷之”“须臾”“说时迟，那时快”等等，应用时，也应分别了解它们底来源而加以考虑的。

第八章 ○

句底构成式

上几章已说明了遣词方面的工作，我们再来研究造句的工作。这一章，先就文法方面来说明句子底构造方式。

句子有两种重要的部分。一是“主语”，是这句子中的主体，或者是人，或者是事物，所以主语以实词为最多。一是“述语”，述语是另一种词类，用以述说这主语的，其中不可缺少的，是动词。例如：

> 子悦。
>
> 薄薄的青雾浮起在荷塘里。

上面第一个例，“子”是主语，“悦”是述语。第二个例子虽然较长，但是简单说来，“薄薄的”和“青”字用以形容“雾”字的，“在荷塘里”是指出“浮起”的所在地的，所以这一句主语是

“雾”，述语是“浮起”，单是“雾浮起”也足以表示一整个的意念了。所以无论句子怎样繁复，总可以分成这两大部分的。述语或者单是一个动词，如第一例；或者用了许多词儿来述说的，第二例便是其中的一种。

因此述语之中，又可以有许多部分。如果述语中只是一个自动词，那么单是一个动词便可以作述语，如第一例。但也可以连系着许多词语，这些是用来说明这动词的，如第二例的“在荷塘里”便是连系着的词语。如“花开”，已成立为一句，如果再加上许多连系的部分，意思虽较明白，然而文法上的构造依旧一样。

树立在墙脚的，经过霜雪底摧残而仍能独立的冬花，居然又在这凛冽的北风中开放了。

“树立在墙脚的”说明“花”的所在，“经过霜雪底摧残而仍能独立的”说明“花”的性质，“居然又在凛冽的北风中”说明“开”的时候。所以句子虽长，文法上的构造却是一样，不过多了些连属部分而已。

假使述语中的动词是他动词，那么单是一个动词不足以述说主语，必定要加个“受词”。例如：

蔡姬习水。

老榆护定它青青的叶子。

“习”与“护”都是他动词。如果上例没有“水”和“它青青的叶子”，两句意义都不完全，必须有“水”与“叶子”来补足，因此“水”是受到“习”的动作的“受词”,“叶子”是受到“护定”的动作的“受词”了。这一种较为复杂，但方式大致相同，不过多了一种主要成分——受词罢了。又如：

东倒西倾的大理菊，还挣扎着在荒草里开出花来。

这句话中,“东倒西倾”是形容“大理菊”的,“还挣扎着在荒草里”表明动词“开”字的地点和姿态的,“来”字是助词,“花”字是受词。因为“开”字可以作自动词也可以作他动词，此处是作他动词用的，所以需要一个“受词”。这句话比较复杂，但仔细分析，也只是“大理菊开花”一个意思而已。这三个词语，再也不能减少其中任何一个。

如果述语中所用的“关系动词”也需要一个类似受词的词语，这词语和主语有相似或相同的地方，这词语叫做“补足语”，是补述述语不足的。例如：

乾为天。

团团的绿叶好像一堆碧玉。

第一例“乾”是《易经》卦名，这句的意思是“乾”即是“天”，如果没有“天”字意义便不完全。第二例“绿叶好像碧玉”，没有“碧玉”一词，也不明白。但是却和“蔡姬习水”一例不同。“乾”和“天”有相等的关系，而“蔡姬”与“水”却不然。这是因为动词“为”“好像”的性质，和上述“悦”“浮”“开”“护定”“习”等不同，这叫做“关系动词”，是说明两者之间的关系的。因此，如“天”“碧玉”等词叫做“补足语”。同样，这一形式，与句子的长短无关。例如：

饱受了春风的熏陶的枯草，现在已变成一茸触目的新绿了。

其中“饱受了春风的熏陶的”形容“草”，“枯”也是“草”的形容词，“现在”是时间副词，“一茸触目的”形容“新绿”。这一例也是用补足语的例子。

上述三种的末一类动词又可分成两种：如“为”“是”“乃”“即”等，叫做“关系动词”；而“变成”“现出”“好像”等等又可称作“不完全的自动词”。所以总括起来，可以分列成下面三条：

（甲）实体词加自动词；

（乙）实体词加他动词加受词；

（丙）实体词加关系动词（或不完全自动词）加补足语。

此外，述语尚有种种变化，也有带受词再带补足语的。补足语在关系动词或自动词之下，常常是实体词，或形容词，但在他动词之下或用动词。例如：

工人请我讲演。（“我”受词，“讲演”补足语。）

彼称余为兄。（“余”受词，“兄”补足语。）

我爱他忠实。（“他”受词，“忠实”补足语）。

前一例“讲演”实在是动词，补足受词的动作，而也和“请”字发生关系的。第二例“兄”实在是名词，第三例“忠实”实在是形容词，均用以补足受词，但也和动词发生关系的。——这三例其实是上面三种的复合。

再就连属的成分而言，或者用形容词，大抵加于主语、受词或实体词变成的补足语，或用名词转性作形容词的；或用副词，大抵加于述语动词、形容词作的补足语上，或用名词作副词用的。附加部分像是枝叶，主语、述语、受词、补足语是树干，往往连属在一起的。

但是我们应该注意，所谓主语、述语、受词、补足语，并非规定那一种是名词，那一种是动词……的，更非规定主语、述语一定是那几个字。这不过就句法构造的地位而言。例如名词，在一句中便有许多不同的用法：

杯盘狼藉。（“杯”字作主语，称做“主位”。）

杯！汝来前！（又，但是另成语，称做“呼位”。）

觞即杯也。（用作补足语，称做“受位”。）

东方巴黎，上海，已在风雨飘摇之中。（“上海”与“东方巴黎”同，称做“同位”。）

上海底风光，是值得留恋的。（“风光”属于“上海”，称做“领位”。）

有些人以为巴黎即是上海。（是“补位”。）

他今天到上海。（似“受词”，但“到”是自动词，称做“副位”。）

他咒诅上海。（作“受词”用，称做“宾位”。）

李君在上海读书。（“上海”是在介词“在”下面的，称做介词的副位。）

因为地位的不同，同是一词，在句中也有了变化，足见称某词一定作什么用，这话是不对的。又如宾位之中，又有所谓“双宾位”。如“我送他一本书”，便有两个宾位了。一是“正宾位”，如“他”；一是“次宾位”，如“书”。所以除了上述三式之外，尚有：

（受　　　　词）

（丁）实体词加他动词加实体词加实体词。

以上是最简单的“单句”的构造方式。但是，“单句”之中往往含有复杂[①]成分的，这成分也是句中的主干，而不是连系的附属品，如“鱼与熊掌，皆我所欲也”，便有两个主语。又如《尹文子》中的“白黑、商徵、膻焦、甘苦，彼之名也”，“爱憎、韵舍、好恶、嗜逆，我之分也”，也是如此。又如“近世学者，不归于杨[②]，则入于墨”，便有了两个述语。上例是双头一尾的，这例是一头双尾的。这两例中的一例，都可以叫做单句，不过复杂一点罢了。所以式样虽有些不同，而用法是一样的。因此较复杂的单句，在古今文句中，往往容易找到。

和单句对称的名词，叫做复句。有两种：一种“包孕复句”，一种“对立复句”。例如：

王之不王，是折枝之类也。

易卜生的好处是他肯说老实话。

初看来似乎是单句，但是这两句中，又包孕着独立的一小句：“王

① 杂　底本作“句”，据文意改。

② 杨　底本作“扬”，此句出于《孟子》：“天下之言，不归杨则归墨。”据《十三经注疏·孟子注疏》（P.5903）改。

之不王”，“他肯说老实话”。这两小句，又各自独立的。这一类[①]叫它做“包孕复句”。又如：

> 则虽年光倒流，儿时可再，而亦无与为证印者矣。
>
> 虽然天在下雨，但是我也要出去。

上例明明是两句以上的句子，用连词连系起来的，但是却表示整个的意念。这一类，我们叫他做“对立复句”。

此两种之中，有一个不同点，便是对立句的各部分全是主干，而包孕句中包含着的小句子却只能是枝叶。这些句子，我们叫它作“子句”。

子句的用处很大，但是它底功用却和一个词语一样，就是说，虽则可以独立，而就整句看来却是一种附属品——当作名词、形容词、副词之用，或者做主语、述语之用。例如：“王之不王”一句作名词，作主语；“他肯说老实话”一句作名词，作宾语。又如：

> 亚父东向坐——亚父者，范增也。

① 类　底本作“例”，据下文改。

“亚父者，范增也”一句作形容词用，形容主语“亚父”的。

我觅了一家客店，房子也很整洁。

“房子也很整洁”一句也是作形容词，形容受词“客店”的。

一辆汽车风驰电掣地过去了。

“风驰电掣”作副词用，形容“过”字。

这种子句是用在包孕复句中的，对立复句中有时也混合着包孕复句，所以也有子句。这些名称，我们应就整个形式来分辨，不要指定它底一部分来说。

如果再将“对立复句”来加以分释，又可以分作两种。一种是两句形式完全相同的；一种是两句之中，一句为主，一句为从的。将下面两例仔细分辨就可以明白了。

白天少人走，夜晚更加寂寞。（结构相似，有一“更”字作连系的。——平列复句）

万钟不辨礼义而受之，则万钟于我何加焉？（上句作陪，意思较轻，而重在下句，上句从，下句主，结构也不同。——主从复句）

主从复句，从句常常在后面，但普通用法，连词的有无都不一定，而且往往将下句的主语加以省略。如李煜的《虞美人》：

问君能有几多愁，恰似一江春水向东流。

下句本应作“我底愁是像……”，而上句的上面又省却了“假使你”几个字和中间“那么”等连词。

这句是复句的构造方式。

但就普通的文章看来，往往有许多本是对立复句，而其中一句又像单句一样，包孕了无数的子句的。如：

汝奈何纵民稼穑以供税赋，何不饥汝县民而空此地，以备吾天子之驰骋?

此三句代表一个意念，是主从复句，上一句为主，下两句是从。而下两句又自成一主从复句，上主，下从。而第一句中的“纵民稼穑”又是“子句”。

综合上面的话，单句、复句的构造式又可以作简单的表示：

（甲）单句

（一）纯粹单句——分作三种。见前。

（二）复杂单句。

1. 主语
主语（或两个以上）＞述语。

2. 主语＜述语
述语（或两个以上）。

（乙）复句

（一）包孕复句——有“子句”。

（二）对立复句——有两句或两句以上的句子。

1. 平列复句——两句结构相似。

2. 主从复句——两句结构不相似，而意义上有轻重之不同。

（丙）合句

主从综合句——里面也有平列复句或另一主从复句，其中一句或者是包孕复句而又有一个或一个以上的子句。

（丙）项是句中最复杂的一种，其中的变化甚多，但也不出于上面几项。我们往往因为文句的附带部分太多而辨别不出应属于那一种。不过明白了句子的意义，懂了上面的方法，也可以一一[①]辨解的。同时我们造句知道这种原则，不无帮助。不过也不能执一而论，中国文字的句式也有许多的变化的。

① 一　底本作“切”，据文意改。

第九章 ○

句子底变化

上一章说的是句子在文法上的构成方式，但是如果一字不易地依式填词，也未必一定是好句子。正和词类与词性的活用一样，是两件并行不背的事。至于句子，同一意念，有许多不同的表达的方法。如《唐宋八家丛话》中所载：

> 欧阳公在翰林日，与同院出游，有奔马毙犬于道。公曰："试书其事。"同院曰："有犬卧通衢，逸马蹄而死之。"公曰："使子修史，万卷未已也。"曰："内翰以为何如？"曰："逸马杀犬于道。"

而沈括《梦溪笔谈》所载：

> 往岁文人多尚对偶为文，穆修、张景辈始为平文，当时

谓之古文。穆、张尝同造朝，待旦于东华门外，方论文次，适见有奔马践死一犬，二人各记其事，以较工拙。穆修曰：“马逸，有犬遇蹄而毙。”张景曰：“有犬死奔马之下。”

沈括又自做了一句“适有奔马践死一犬”。合起来，同一意念，有六种不同的句法。按之文法，又各不犯律令，因各人之观点不同，便各有各的说法，所以也没有优劣可分。欧阳修以同院的句子太繁，其实也有繁的好处。我们看了上面这故事，可以知道句子的结构也并不是一成不变的。

古人论文句，总是以简者为优，以繁者为劣。《汉书·张苍传》中有一句“苍免相后，年老，口中无齿，食乳”。刘知幾《史通》中评道：“盖于此句之内，去‘年’及‘口中’可矣。夫此六文成句[①]，而三字妄加，此为烦字也。”此后几全以刘说为定论。但魏际瑞却说：“简则简矣，而非公羊、史迁之文，又于神情特不生动。”这见解很不错。文句当能尽量地表达意念，不能力求其简，也不必过于求繁。《文心雕龙·镕裁》篇说：

善删者字去而意留，字删而意阙，则短[②]乏而非核。

---

① 六文成句　底本作“五字成文”，据《史通通释》(P.170)改。

② 短　底本作“缺”，据《增订文心雕龙校注》(P.422)改。

这见解也很有理。所以同一事实的记载，可以繁简各异，说理之文也是如此。如：

尔惟风，下民惟草。(《书经》)

君子之德，风；小人之德，草。草上之风，必偃。(《论语》)

君子之德，风也；小人之德，草也。草上之风，必偃。(《孟子》)

夫上之化下，犹风靡草。东风，则草靡而西；西风，则草靡而东。在风所由，而草为之靡。(《说苑》)

这四种说法之中，当然以后一说最为明白清楚。总之，无论繁简，不可执一而论，当先求它底表达是否已最明白。《庄子》说“凫胫虽短，续之则忧；鹤胫虽长，断之则悲”，足以使一般专以繁简定优劣的人们醒悟了。

句的变化既无定式，那么文法上又何以说明句子的格式呢?文法的句式与事实上的有什么不同?大抵普通句式和文法上的各异，不外两种：一是省略，二是倒装。

句的省略，最多见的是主语的省略。上文已说过的主语，下文便不必再说。无论骈散语体，都是如此。例如：

> 蓉少时，读书于养晦堂之西偏一室，俯而读，仰而思，思而弗得，辄起，绕室以旋。
>
> 我在香乡住了一夏，又住了半个秋天。每天享受新鲜牛乳和鸡蛋，肥硕的梨桃，香甜的果酱，鲜美的乳饼。

写了许多动作，照理每句的开端都应加上一个主语。但是第一例开头有一个主语“蓉”字，第二例有一个“我”字，以下便都可省略了。在对话的时候，主词也常被省略。如《论语》:“居，吾语汝。”“来！吾与尔言。”“居”“来”上面应加“汝”字，但却省略了。同样，有时述语也可省略了的。如火起时，大叫一个“火”字，将下文的“起”或“起了”的述语省去。赶紧要“水”，便大叫“水”字，将下面述语“拿来”或“来”字省去了。文言文中的关系动词，在“……者……也”的形式之下，也可以省却的。如“亚父者，范增也”，“以为无益而舍之者，不耘苗者也；助之长者，揠苗者也”，其中省略了“乃”“是”“为”等词。此外也有省略了宾语的，如“我于辞令，则不能也”，“不能”下面省了宾语。又普通造句，常常保留领位的名词，而将所领之物省去，习惯上认它为主语，实在却不是。例如：

> 枫树〔底叶子〕红了。
>
> 大江〔底水〕东去，浪淘尽，千古风流人物。

这又是一种省略。唐彪《读书作文谱》又以为，“如‘其他仿此’‘余可类推’乃省文法；‘舜亦以命禹’‘河东凶亦然’之类，省句法也”。但此类省字法，也有因上句或下句省了，不再加以说明的。如：

多闻，择其善者而从之；多见,〔择其善者〕而识之。（上文有过了，因而下文便省了的。）

七月〔蟋蟀〕在野，八月〔蟋蟀〕在宇，九月〔蟋蟀〕在户，十月蟋蟀入我床下。（上文先省略了，因为末句有“蟋蟀”两字。）

省略的方式如此之多，我们也不能泥定某种形式，要随机应变，观察上下文的语气而定。

再讲句语的倒装。文法中所列的句式，大都是指普通的顺句而言的。但是文章中常见到倒装语句。《论语》中这种例子最多见：

何哉，尔所谓达者[①]！（尔所谓达者何哉。）

贤哉！回也。（回也贤。）

① 者　底本作“哉”，据《十三经注疏·论语注疏》（P.5440）改。

夫子焉不学，亦何尝师之有！（亦何尝有师。）[1]

巧言令色，鲜矣仁！（仁鲜矣。）

水火吾见蹈而死者。（吾见蹈水火而死者。）

其他如“亦太甚矣，先生之言也”（《史记》），“吾将使梁及燕助之，齐楚固助之矣”（《战国策》），“天阙象纬逼，云卧衣裳冷”（杜甫诗），“谁欤哭者”（《礼记》），都属于这一类[2]。此外又如：

其一二父兄私族于谋，而立长亲。（应作“私谋于族”。）

久拚野鹤如双鬓，遮莫邻鸡下五更。（应作“双鬓如野鹤”。）

这两例的倒装，实不如前例的明白，所以这种倒装法，是不合理的，容易使读者误会你底意思。

此外，从句底构成而论，也有许多的变化，最多见的是“错综”。所谓错综，是用以变化句子的，使读者不会感到单调。或是用复字来装点句子，故意使句子重复的。如“猿狝猴错木据水，则不若鱼鳖；历险乘危，则骐骥不如狐狸”，这两句本来可以使它

① 《论语》此句原作：“夫子焉不学，而亦何常师之有。”据《十三经注疏·论语注疏》（P.5503）注。此句正序当为：“亦何有常师。”

② 类 底本作“例”，据文意改。

们形式相等的，而作者故意使它们不一样。又如“道旁有禳[①]田者，操一豚蹄，酒一盂”，本来可以说“豚一蹄，酒一盂”的。又如《画记》：

牛大小十一头，橐驼三头，驴如橐驼之数而加其一焉。

为什么不说“驴四[②]头”？也是求错综的缘故。又如李群玉诗：“裙拖六幅湘江水，鬓耸巫山一段云。”“一段”与“六幅”，“巫山”与“湘江”的位置也故意使它们不同。又如，“得既在我，失亦称予”，“我”“予”也故意两样。沈括称韩愈文“春与猿吟兮，秋鹤与飞”两语不同式，是相错成文的。这种方法，正所以调剂句子的板滞而用。

用复字造句，古书中也多此例，是以同一字面在句中反复使用。如《论语》中之“知之为知之，不知为不知，是知也”，《列子》中的“故有生者，有生生者；有形者，有形形者；有声者，有声声者；有色者，有色色者；有味者，有味味者”。陈骙《文则》中讨论此种复字道：

文有交错之体，若纠缠然，主在析理，理尽后已。《书》

① 禳　底本作“穰”，据《史记》（P.3198）改。

② 四　底本残缺，据文意补。

曰:“念兹在兹,释兹在兹,名[1]言兹在兹,允出兹在兹。”《庄子》曰:“有始也者,有未始有始也者,有未始有夫未始有始也者。”又曰:“以指喻指之非指,不若以非指喻指之非指也。”《荀子》曰:“不利而利之,不如利而后利之之利也……利而后利之,不如利而不利者之利也。”《国语》曰:“成人在始与善,始与善,善进善,不善蔑由至矣;始与不善,不善进不善,善则亦蔑由至矣。”《穀梁》曰:“人之所以为人者,言也;人而不能言,何以为人?言之所以为言,信也;言而不信,何以为言?信[2]之所以为信者,道也;信而不道,何以为信?”此类多矣,不可悉举。

“错综其辞”与“复用其辞”似乎是相反的两项,但是却也并行不悖的。我们再将文句分辨一下,可知道有两种形式,一是“单句”,一是“排句”。单句即是几句结构绝不相同的句子,而排句是结构相似的。其中各有各的好处。如:

燕子去了,有再来的时候;杨柳枯了,有再青的时候;桃花谢了,有再开的时候。

① 名 底本作“各”,据《文则》(P.17)改。
② 信 底本作“言”,据《文则》(P.18)改。

这三子句结构很相似，简直可以说差不多相同了。这叫做排句，排句因为使语气加重，往往有重复的地方。又如：

> 鱼，我所欲也；熊掌，亦我所欲也；二者不可得兼，舍鱼而取熊掌者也。生，我所欲也；义，亦我所欲也；二者不可得兼，舍生而取义者也。

这也是排句。上四句和下四句结构相似，也有许多重复的词语。所谓“复用其辞”大抵用于排句。单句最多见，除了排句以外，全是单句。排句重在相复，而单句却求其变化。所谓“错综其语”，用于单句[①]者为多。《战国策》中用三句不同形式的话来问：“我孰与城北徐公美？”“吾孰与徐公美？”“吾与徐公孰美？”答语也用三种不同的说法：“君美甚，徐公何能及君也！”“徐公何能及君也！”“徐公不若君之美也！”

句式就外形来看，又有长句短句的不同。短句的功能在于有力而生动，往往用以写动作的居多，可使读者有明确的印象。如《史记·齐世家》中的一段：“桓公与夫人蔡姬戏船中。蔡姬习水，荡公。公惧，止之。不止。出船，怒，归蔡姬，弗绝。蔡人亦怒，嫁其女。”而长句却在语气流利的时候用的。

---

① 句　底本作“语”，据文意改。

此外，又有骈散之别。其实所谓骈散，即是句子的单排。后代各趋极端，又形成了两种不同的文体。古代文章之中也有了具有雏形的骈句，如《书经》中的“满招损，谦受益”，《论语》中的“君子周而不比，小人比而不周”，《庄子》中的“圣人不死，大盗不止”，《易经》中的“水流湿，火就燥[①]”……即现代谚语之中也多此例，如“养儿防老，积谷防饥”“人为财死，鸟为食亡”“有钱钱做主，无钱命做主”……其实这种也可名之曰“排句”。后来越整齐越格律化，而不许同字相犯，便成为“对偶”之文了。“对偶”是骈文的灵魂，所以在句子底变化之中，对偶也是一个重要的项目。《冷斋夜话》引苏轼底话道：

> 世间之物，未有无对者，皆自然生成之象，虽文字之语亦然，但学者不思耳。

这是对于文章用偶方面的理论。至于对偶的方式，前人所论，总不出下列几种：

（甲）“言对”“事对”“反对”“正对”

《文心雕龙・丽辞》篇中说：

① 燥　底本作“热”，据《十三经注疏・周易正义》（P.28）改。

> 故丽辞之体，凡有四对：言对为易，事对为难，反对为优，正对为劣。言对者，双比空辞者也；事对者，并举人验者也；反对者，理殊趣合者也；正对者，事异义同者也。长卿《上林赋》云“修容乎礼园，翱翔乎书圃”，此言对之类也。宋玉《神女赋》云“毛嫱鄣袂，不足程式；西施掩面，比之无色”，此事对之类也。仲宣《登楼赋》云“钟仪幽而楚奏，庄舄显而越吟”，此反对也。孟阳《七哀》云“汉祖[①]想枌榆，光武思白水”，此正对之类也。——凡偶辞胸臆，言对所以为易也；征人之学，事对所以为难也；幽显同志，反对所以为优也；并贵共心，正对所以为劣也。又以事对，各有反正，指类而求，万条自昭然矣。

（乙）“单对”“偶对”“借对”“巧对”“虚实对”“流水对”“各句自对”

程杲《四六丛话序》中说：

> 四六对法，一句相对者为单对，两句相对者为偶对。一篇之中，须以单偶参用，方见流宕之致。更有长偶对，若苏轼《乞常州居住表》“臣闻圣人之行法也，如雷霆之震草木，

① 祖　底本漫漶，据《增订文心雕龙校注》（P.444）补。

威怒虽盛，而归于欲其生；人主之罪人也，如父母之谴子孙，鞭挞虽严，而不忍致之死”之类是也。反对、正对之外，有借对，若骆宾王《冒雨寻菊序》“白帝徂[①]秋，黄金胜友”之类是也。有巧对，若宾王《上司列太常启》“抟羊角而高翥，浩若无津；附骥尾以上驰，邈焉难托[②]”之类是也。有虚实对，若柳宗元《为裴中丞贺东平表》“愧无横草之功，坐见覆盂之泰”之类是也。有流水对，若欧阳修《谢赐汉书表》“惟汉室上继三代之盛，而班史自成一家之书”之类是也。有各句自对，若王勃《滕王阁序》“物华天宝，龙光射牛斗之墟；人杰地灵，徐孺下陈蕃之榻”之类是也。[③]要使百炼千锤，句斟字酌，阅之有璧合珠联之采，读之有敲金戛玉之声，乃为能手。《左传》“天而既厌周德矣，吾其能与许争乎”，古今流水对，莫妙于此。[④]

（丙）“隔联”与“散联”

陈其年《四六金针》：

① 徂　底本作“征”，据《四六丛话》（P.7）程杲序改。

② 托　底本作“记”，据《四六丛话》（P.7）程杲序改。

③ 有各句自对……是也　底本脱，据《四六丛话》（P.7）程杲序补。

④《左传》……莫妙于此　此句并非出自《四六丛话》程杲序，据《四六丛话》（P.7）程杲序注。

每一段之中，以一隔联包括其意，前后随意，宜以四字六字散联弥缝其阙。所以然者，事约则明，既以约事分章取之矣；意分则朗，故又以明意属辞取之也。凡意或有首尾，或有主客，或有对峙，混而言之则昏晦，分而言之则明朗。故四六属词之法，必分事意为两壁，而以对偶明之也。又一意之中，必分主从，从者常多而意短，主者常少而意长。若不为分以明之，则主从混淆，而轻重不分矣。故少其隔联，以明主意；多其散联，以明从意。此四六属辞，用四六限段节，拘对偶，分散隔联之本意也。

（丁）“傍犯”“蹉对”“假对”

沈括《梦溪笔谈》：

自后浮巧之语，体制渐多，如“傍犯”“蹉对”“假对”“双声叠韵”之类。诗又有正格偏格，类例极多。故有三[①]十四格、十九图、四声八病之类。今略举数事。如徐陵云：“陪游駊娑，骋纤腰于结风；长乐鸳鸯，奏新声于度曲。”又云：“厌长乐之疏钟，劳中宫之缓箭。”虽两“长乐”，意义不同，不为重复。此类为“傍犯”。如《九歌》“蕙肴蒸兮兰

① 三 底本作“二”，据《梦溪笔谈》（P.132）改。

藉，奠桂酒兮椒浆”，当曰“蒸蕙肴”，对“奠桂酒”，今倒用之，谓之“蹉对”。如“自朱耶之狼狈，致赤子之流离”，不惟“赤”对“朱”，“耶”对“子”，兼“狼狈”“流离”乃兽名对[①]鸟名。如此之类，皆为“假对”。

又宋王楙《野客丛书》曰：

借对自古有之，如王褒碑[②]“年逾艾服，任隆台衮”，江总作陆尚书诔“雁行攸序，龙作间才”，沈约墓志“以彼天爵，郁为人龙”之类是也。

（戊）“当句对”

洪迈《容斋随笔》：

唐人诗文，或于一句中自成对偶，谓之“当句对”。盖起于《楚辞》“蕙蒸兰藉”“桂酒椒浆”“桂棹兰枻”“斫冰积雪”。自齐梁以来，江文通、庾子山诸人亦如此。王勃《宴滕王阁序》一篇皆然。若“襟三江，带五湖，控蛮荆，引瓯越”，“龙光牛斗”“徐孺陈蕃”，“腾蛟起凤”“紫电青霜”，“鹤

① 对 底本脱，据《梦溪笔谈》（P.132）补。
② 碑 底本作“传”，据《野客丛书》（P.315）改。

> 汀凫渚”“桂殿兰宫”，“钟鸣鼎食之家”“青雀黄龙之舳”，“落霞孤鹜”“秋水长天”，“天[①]高地迥”“兴尽悲来”，“宇宙”“盈虚”，“邱墟”“已矣”之类是也。

此外，《诗苑类格》载唐上官仪“六对”之说：“一曰正名对，天地对日月是也；二曰同类对，花叶对草茅是也；三曰连珠对，萧萧赫赫是也；四曰双声对，黄槐绿柳是也；五曰叠韵对，彷徨放旷是也；六曰双拟对，春树秋池是也。”又有“八对”之说：“一曰的[②]名对，送酒东南去，迎琴西北来是也。二曰异类对，风织池间树，虫穿草上文是也。三曰双声对，秋露香佳菊，春风馥丽兰是也。四曰叠韵对，放荡千般意，迁延一介心是也。五曰联绵对，残河若帘，初月如眉是也。六曰双拟对，议月眉欺月，论花颊胜花是也。七曰回文对，情新因意得，意得逐情新是也。八曰隔句对，相思复相忆，夜夜泪沾衣，空叹复空泣，朝朝君未归是也。”

以上皆是以对偶的方式来分类论述的。但是作骈文者却并不拘拘于这种方法，更不求每字对偶之工，也有其中夹以散句的。如应休琏《与从弟君苗君胄书》中的“结春芳以崇佩，折若华以翳日”，并不求字面对偶上的工整。又如庾信《哀江南赋》，人人

① 天 底本作“山”，据《容斋随笔》（P.250）改。
② 的 底本脱，据《诗人玉屑》（P.229）补。

都知道它是骈文，而其中有“湛卢去国，艅艎失水；见被发于伊川，知百[①]年而为戎矣”，却完全是散句。又有许多貌虽对偶，而多用虚字，大有散文的意味的。如汪彦章《责张邦昌制》中的“虽天夺其衷，生愚至此，然君异于器，代匮可乎”，也大类散文。孙隘堪底《六朝丽指》中说：

> 骆宾王《代徐敬业传檄天下文》，为当时传诵，后世亦多称之。其中用“良有以也”“岂徒然哉”，以数虚字作对，六朝文则无是也。梁简文帝《与刘孝仪令》：“惟[②]与善人，此为虚说；天之报施，岂若是乎？”萧子良《与荆州隐士刘虬[③]书》：“有是因也，何其畅欤？”又梁元帝《与武陵王书》：“傥遣使乎，良所迟也。”凡若此类，不过以跌宕出之，未有行之属对中者。

足见对偶中不[④]夹散句，也是不能生动的。反过来说，散文之中，又何常没有骈语？《左传》是用散文写的，其中“天而既厌周德矣，吾其能与许争乎”，不是很工切的骈句吗？《诗经》“觏闵既多，受侮不少”也是骈语。所以通儒学者以为骈散文不应独立一

① 百　底本作“有”，据《庾子山集注》（P.114）改。
② 惟　底本作“推”，据《全上古三代秦汉三国六朝文》（P.3000a）改。
③ 虬　底本作“帆”，据《全上古三代秦汉三国六朝文》（P.2858a）改。
④ 不　底本漫漶，据文意补。

帜的。如刘开底《与王子卿太守论骈体书》中说：

> 骈中无散，则气壅而难疏；散中无骈，则辞孤而易瘠。两者但可相成，不能偏废。

这见解是很有理由的。其实对偶只是排比、排句的流弊。原始的对偶，很是自然，自六朝以后变本加厉，人们都在声律雕琢上用工夫了。

句子的变化，到了后来，除因对偶而成的律诗对联而外，尚有其他类似游戏的一种“回文”。《文心雕龙》中说：“回文所兴，道原为始。”清朱存孝集了许多回文的诗文，为《回文类聚》一书。他在序中说：“诗体不一，而回文尤异，自苏伯玉妻《盘中诗》为肇论，窦滔妻作《璇玑图》而大备。”但《盘中诗》并非正式的回文，不过将诗写在盘中，螺旋式地读下去。所谓《璇玑图》，乃苏蕙所作。《镜花缘》中曾录过它底全文，可以参阅。它底组织，无非是若干首诗，往返回环，均可诵读，也可倒读。可是文意却因之不明白。所以回文只是游戏的一种东西，很难做到通顺的地步的。且举刘攽[①]的《雨后回文》一首为例：

① 攽　底本作“过”，以下引文出自刘攽《雨后回文》，据《彭城集》（P.442）改。

绿水池光冷，青苔砌色寒。竹深啼鸟乱，庭暗落花残。

也可以将它倒过来读：

残花落暗庭，乱鸟啼深竹。寒色砌苔青，冷光池水绿。

第十章

明喻、暗喻和寓言

“比喻”在我们口头语中常常说到，也是作文造句中重要的因子。刘向《说苑》中记载着下面一个故事：

> 客谓梁王曰：“惠子（惠施）之言事也善譬，王使无譬，则不能言矣。”王曰：“诺。”明日见，谓惠子曰：“愿先生言事则直言耳，无譬也。”惠子曰：“今有人于此而不知弹者，曰：‘弹之状何若？’应曰：‘弹之状如弹。’则谕乎？”王曰：“未谕也。”“于是更应之曰：‘弹之状如弓，而以竹为弦[①]。’则知乎？”王曰：“可知矣。”惠子曰：“夫说者，固以其所知，谕其所不知，而使人知之。今王曰‘无譬’，则不可矣。”王曰：“善。”

---

① 弦　底本作“之”，据《说苑校证》（P.272）改。

惠施底话根本就是一个比喻，以说弹之难，来比喻谈话中之不可缺少比喻的。“以其所知，谕其所不知”便是比喻底功能。我们描写事物，用了比喻，便可省却许多气力，而使读者明白，所以它对于文章的帮助很多。例如：

> 手如柔荑，肤如凝脂，领如蝤蛴，齿如瓠犀。(《诗经》)
>
> 月光如流水一般，静静地泻在这一片叶子和花上；薄薄的青雾，浮起在荷塘里。叶子和花仿佛在牛乳中洗过一样，又像笼着轻纱的梦。(《荷塘月色》)

以“柔荑”喻手,“蝤蛴”喻领,“瓠犀”喻齿,“流水”喻月光……如果不用比喻，便没法加以说明了。陈骙《文则》中也曾论到比喻，他将比喻分作十种。他说：

> 《易》之有象，以尽其意;《诗》之有比，以达其情。文之作也，可无喻乎？博采经传，约而论之，取喻之法，大概有十，略条于后：
>
> 一曰“直喻”。或言“犹”，或言“若”，或言“如”，或言“似”，灼然可见。《孟子》曰:“犹缘木而求鱼也。”《书》曰:“若朽索之驭六马。”《论语》曰:“譬如北辰。”《庄子》曰:“凄然似秋。”此类是也。

二曰“隐喻”。其文虽晦，义则可寻。《礼记》:“诸侯不下渔色。”《国语》曰:“没[①]平公军无秕政。”又曰:“虽蝎谮焉避之。”《左氏传》曰:“是豢吴也夫。”《公羊传》曰:“其诸为其双双而俱至者欤？”此类是也。

三曰“类喻”。取其一类，以次喻之。《书》曰“王省惟岁，卿士惟月，师尹惟日”，岁、月、日一类也。贾谊《新书》“天[②]子如堂，群臣如陛，众庶如地”，堂、陛、地一类也。此类是也。

四曰“诘喻”。虽为喻文，似成诘难。《论语》曰:“虎兕出乎柙，龟玉毁于椟中，是谁之过欤？”《左氏传》曰:“人之有墙，以蔽恶也；墙之隙坏，谁之咎也？”此类是也。

五曰“对喻”。先比后证，上下相符。《庄子》曰:“鱼相忘乎江湖，人相忘于道术。”《荀子》曰:“流丸止于瓯臾，流言止于智者。”此类是也。

六曰“博喻”。取以为喻，不一而定。《书》曰:“若金，用汝作砺；若济巨川，用汝作舟楫；若岁大旱，用汝作霖雨。”《荀子》曰:“犹以指测河也，犹以戈舂黍也，犹以锥餐壶也。”此类是也。

七曰“简喻”。其文虽略，其意甚明。《左氏传》曰:

---

① 没　底本脱，据《文则》(P.12)补。
② 天　底本脱，据《文则》(P.13)补。

“名，德之舆也。”扬子曰：“仁，宅也。”此类是也。

八曰“详喻”。须假多辞，然后义显。《荀子》曰：“夫耀蝉者，务在明其火，振其树而已；火不明，虽振其树，无益也。今人主有能明其德，则天下归之，若蝉之归明火也。”此类是也。

九曰“引喻”。援取前言，以证其事。《左氏传》曰：“谚所谓庇焉而纵寻斧焉者也。”《礼记》曰：“蛾子时术之，其此之谓乎？”此类是也。

十曰“虚喻”。既不指物，亦不指事。《论语》曰：“其言似不足者。”《老子》曰：“飂兮似无所止。”此类是也。

我们将上列十条加以分析，可以综合作三种。是“明喻”“暗喻”和“寓言”三种。

“明喻”，是可以从文字表面上分辨出来的比喻式。如陈骙所说有“如”“像”“似”等字。所以《文则》中的“直喻”“类喻”“虚喻”“详喻”“博喻”中的一部分，都属于此类。陈氏只以为有“如”“似”字的才可称明喻，但他所举例子中“所谓”“犹”等等也是。这一类的比喻，大抵以具体物比喻抽象物，或以较熟悉的事物来比喻他物的。例如“君子之交淡若水，小人之交甘若醴”（《庄子》），以具体物“水”“醴”的性质来比较说明抽象的“君子之交”和“小人之交”。又如《琵琶行》中写琵琶声：“大弦嘈嘈如急雨，小弦切切如私语。”因为“急雨”声、“私语”声，比较熟习，可以用来说明不常听到的琵琶声。我们常用到的，说生活之不安，“如处荆棘”；手足无措，“似芒刺在背”；说树之高大茂盛，“亭亭如盖”；说连续不断，“累累如贯珠”，都是应用这种方式的。更巧妙的，人生喜怒悲苦之情，也常用比喻来表达的。如李白诗“愁如回飙乱白雪”，寇准词“柔情不断如春水”，李煜词“问君能有几多愁，恰似一江春水向东流”。

不过用明喻时应注意两个条件。一是所喻之物与被喻之物要有一特性相似。如上例，“柔情”和“春水”相同的特性是“不断”，如果不提明“不断”，便失却比喻的效力。又如说“雨像雪一样地下了”，便不明白。因为这两种东西“下”的姿态并没有两样，不足以说明其特性的。二是所喻之物与被喻之物又不能同属一小类，即此两物只能相似，而不能相同。如上例，“柔情”是抽象的，“春水”是具体的。如果说“窗如牖一样”或“窗如牖”，也失了比喻的效力了。

“暗喻”比明喻更进一层，所喻物与被喻物之关系，也更密切。明谕只说出两者的相似，而暗喻却说两者之关系是相等的。同时，“若”“如”“犹”“是”等词，在暗喻中照例省略。陈骙所谓“隐喻”和“类喻”“诘喻”“对喻”“简喻”的一部分，皆可归入这一类。它和明喻，初看似乎相同，而实际上不一样。如《左传》上的“赵衰，冬日之日也；赵盾，夏日之日也”，又如王观[①]词“水是眼波横，山是眉峰聚”。上两例并没有“如”“若”等字，变成“赵衰”即“冬日”，“赵盾”即“夏日”。我们也常用到“虎狼之势”“虎豺之国”“铁石心肠”“参商之隔”等等，都是暗喻。又如李煜词“剪不断，理还乱，是离愁”，简直说出“是”的关系了。所以明喻与暗喻的不同点是：

明喻：甲（似）乙

暗喻：甲（等于）乙

暗喻之中有更进一层的说法，简直用某事物的性质来代替这事物，反而将真的事物隐去。这一种，有人叫它作“隐喻”，也有人称作“象征”。例如，“十字街头”是可徘徊的地方，因此称徘徊皆曰“彷徨于十字街头”。同样，“艺术之宫”也可称作“象牙之塔”，又以“揭幕”代开始，以“摩擦”代冲突，以“衡量”代比较，以“鹰”象征凶暴，以“安琪儿”代和平。又如《点滴》中的“我觉得立在大荒野的边界，到处都是飞沙”，以“大荒野”代恶浊的社会，以“飞沙”代坏人。但是这一种也是暗而不明的，我们也可以称它作“暗喻”。

① 王观 底本作“苏轼”，以下引文出自王观《卜算子·送鲍浩然之浙东》，据《全宋词》（P.337）改。

此外尚有以一句话来表示一个比喻的，不单是一个词语上的关系，又与上两例不同。如《论语》上的“岁寒，然后知松柏之后凋也”，整句在说“在动摇的时代中，才可以知道真真有节操的人”。这一类我们给它另外起一个名字，叫做“寓言”。“寓言”现代大都解释作故事的，但是就本义讲，是“寓意之言”，不管它所寓的是否是故事，只要有意寓在里面，而不明白显示就是了。

上一例是寓言中最简单的形式，又和陈骙的所谓“对喻”不同。对喻的例是“鱼相忘于江湖，人相忘于道术”，下一句便说明了这句的真意，所以不合乎“寓言”的条件了。普通一般的寓言，总是先举故事，后述真意，实在这是画蛇添足的勾当。《列子》中所载的愚公移山，故事完了，不再加什么说明，方才是好的寓言。因为“有志竟成”的意思，别人见了，也已明白，不必再事说明了。寓言的故事，不求其真实，但求读者能明白其所要申述的主意。《韩非子》的《内储说》中也有一个寓言道:

> 魏王遗荆王美人，荆王甚悦之。夫人郑袖知王悦爱之也，亦悦爱之甚于王，衣服玩好，择其所欲为之。王曰:“夫人知我爱新人也，其悦爱之甚于寡人，此孝子之所以养亲，忠臣之所以事君也。”夫人知王之不以己为妒也，因为新人曰:“王甚爱子，但恶子之鼻，子见王常掩鼻，则王长幸子矣。”于是新人从之，每见王，常掩鼻。王谓夫人曰:“新人见寡人

常掩鼻，何也?”对曰:“不己知也。”王强问之。对曰:“顷尝言恶闻王臭。”王怒曰:“劓之。”夫人先诫御者曰:“王适有言，必可从命。”御者因揄刀而劓美人。

《庄子·逍遥游》中有一节完全是惠施与庄周以寓言相论辩底话，很可以借来作例子:

惠子谓庄子曰:“魏王贻我大瓠之种。我树之成，而实五石。以盛水浆，其坚不能自举;剖之以为瓢，则瓠落无所容众。非不呺然大也，吾为其无用而掊之。”

庄子曰:“夫子固拙于用大矣。宋人有善为不龟手之药者，世以洴澼絖为事。客闻之，请买其方百金。聚族而谋曰:‘我世世为洴澼絖，不过数金，今一朝而鬻技百金，请与之。’客得之以说吴王。越有难，吴王使之将，冬，与越人水战，大败越人，裂地而封之……”

惠子谓庄子曰:“吾有大树，人谓之樗。其大本拥肿而不中绳墨，其小枝拳曲而不中规矩。立之途，匠者不顾。今子之言，大而无用，众所同去也。”

庄子曰:“子独不见狸狌乎?卑身而伏，以候敖者;东西跳梁，不辟高下;中于机辟，死于罔罟。今夫牦牛，其大若垂天之云，此能为大矣，而不能执鼠。今子有大树，患其无用，何不树之无何有之乡，广莫之野，彷徨乎无为其侧，逍遥乎寝卧其下。不夭斤斧，物无害者，无所可用，安所困苦哉。”

古代善辩之士，往往用寓言来作他们论辩的根据的。所以各种子书中寓言也很多。每个寓言一定有一个言外之意，就是整个寓言的功能也只等于一句寓意之言的话。所以后人也往往以寓言中的一个纲领来当作一个词儿运用的。如“守株待兔”“揠苗助长”“大而无当”“刻舟求剑”“邯郸学步”“东施效颦”……用作成语，已不足为异了。现代人作文，也往往引用这种寓言的节缩词，来充实文章底内容。读者如果知道了原来的寓言，也可了解所引用的话。

寓言的来源，一种是以古代或现代的实事来作例，一种是杜撰的。所以现代也有以禽兽草木作寓言中的主角。它底目的，并不在这故事的真实性，乃是根据它以作说话的理论。所以不妨杜撰故事，猫狗尽可会说话，植物不妨会跳舞，人类也可以长生不老，决不会因此而破坏其真理的。

第十一章 ○

夸饰

夸，夸大；饰，文饰的意思。王充《论衡》中所说的“增益其文”，也是这个意思。夸饰乃是说话上过分铺张的意思。《艺增篇》中解释文章中所以有夸饰的原因：

> 故誉人不增其美，则闻者不快其意；毁人不益其恶，则听者不惬于心。闻一增以为十，见百益以为千。

他并且举了经书上的许多例子。如《尚书》“协和万国”，“欲言尧德之大，所化者众”；《诗》“子孙千亿”，“言子孙众多，可也，言千亿，增之也”；《易》“丰其屋，蔀其家，窥其户，阒其无人”，“非无人也，无贤人也……以少言之可也”；《论语》“大哉尧之为君也！荡荡乎民无能名焉”，“言荡荡，可也，乃欲言民无能名，增之也”。

然而王充却是反对夸饰的。他以为夸饰只是小人之言，六经之中不得已才用它。他说："世俗所患，患言事增其实；著文垂辞，辞出溢其真。"又勉强替古人解释道："增过其实，皆有事为，不妄乱误[①]以少为多。"当然，这种偏见，我们是不能赞同的。既然赞成六经中的夸饰，那么也无法否认后世文章中的夸饰了。

较王充为早的孟轲却了解夸饰底真义，懂得这一种手法，以为夸饰不能照字面上讲。《孟子·万章上》：

> 说诗者不以文害辞，不以辞害意，以意逆志，是为得之。如以辞而已矣。《云汉》之诗曰："周余黎民，靡有孑遗。"信斯言也，是周无遗民也。

他底解释非常允当。这种夸饰的手法，在文章中很足以引起读者的共鸣，同时也决不致使读者误解为真的事实的。到刘勰底《文心雕龙》始专立《夸饰》一篇，来讨论这个问题。他也以为夸饰是写作上必要的手段。他说：

> 故自天地以降，豫入声貌，文辞所被，夸饰恒存。虽

① 底本"误"下衍"谈"，据《论衡校释》（P.381）删。

> 《诗》《书》雅言，风格训世，事必宜广，文亦过焉。是以言峻则嵩高极天，论狭则河不容舠，说多则子孙千亿，称少则民靡孑遗，襄陵[①]举滔天之目，倒戈立漂杵之论，辞虽已甚，其义无害也。且夫鸮音之丑，岂有泮林而变好？荼味之苦，宁以周原而成饴？并意深褒赞，故义存矫饰。大圣所录，以垂宪章。孟轲所云“说诗者不以文害辞，不以辞害意”也。

他底话又较孟轲所说为详尽。由此可知夸饰乃是人们心理上一种夸大的现象，并不妨害事实底真实性的。“辞虽已甚，其义无害也”，这是夸饰的功能。

我们在前几章里曾研讨过词语的组成，也曾引过汪中《释三九》中底话，知道形容数量之多，通常皆用“千”“万”等词。按之实际，“万水千山”，何尝真有一万条水一千座山，而数目也恰好是整整的一万一千呢？所以这些词儿，也含有夸饰的意味的。其他如“一日三秋”“一暴十寒”，也不外乎夸饰的一种方式。汪中《释三九》中，也有论到夸饰的话。他称夸饰为“形容”，以为“辞不过其意则不畅，是以有形容焉”，是所以有夸饰的原因。又说：

① 陵　底本漫漶，据《增订文心雕龙校注》（P.462）补。

> 《礼器》《杂记》:“晏平仲祀其先人,豚肩不掩豆。”豚实于俎,不实于豆;豆径尺,并豚两肩,无容不掩。此言乎俭也(本郑义)。《乐记》:武王克商,未及下车而封黄帝、尧、舜之后。大封必于庙,因祭策命,不可于车上行之。此言乎以是为先务也。《诗》“嵩高维岳,峻极于天”,此言乎其高也(本刘勰义)。——此辞之形容者也。

第一第三两例是质量上的夸饰,第二是时间或行动上的夸饰。行动上的夸饰其数之多,不亚于质量上的。他底说法,较刘勰底更为详尽。又如应璩《与广川岑文瑜书》中有一节话:

> 昔夏禹之解阳盱,殷汤之祷桑林,音未发而水旋流,辞未毕而泽滂沛。

也是动作上的夸张。按之实际,尚未祈祷,如何会感动天而下雨呢?只是极言其至诚足以动天,而其施报之速。又如范仲淹底《御街行》中说:“愁肠已断无由醉[①],酒未到,先成泪。”普通只说“酒入愁肠,化作相思泪”。“酒”也不曾吃下去,如何会化泪呢?这也是夸饰的例。

① 无由醉 底本作“醉无由”,据《全宋词》(P.14)改。

读者见了，无待解释，自然明白，决不致会“以文害辞”。又如《西厢》中的“‘请’字儿未曾出声，‘去’字儿连忙答应”，也是这一类。

夸饰的方式虽则如此，而变化方式却甚多。不过其目的总是使人有强烈的反应。宋玉《登徒子好色赋》：

天下之佳人，莫若楚国；楚国之丽者，莫若臣里；臣里之美者，莫若臣东家之子。东家之子，增之一分则太长，减之一分则太短，著粉则太白，施朱则太赤。

所以夸饰的方式，也不一定只限于数目时间的。仔细分析起来，常见到的，不外乎下列几种：

（甲）正夸饰

这一类夸饰的作用是积极的，向上的。指时间，说它底快；指动作，说它底速；指性质，说它底伟大；指数量，说它底多。“百衲衣”“百折不挠”的“百”字；“千里鹅毛”之一言其远，一言其轻，都属于这一类（参阅“实数与虚数”一章）。如：

五十之年，转瞬已至。（言时间之速）

加上两鞭，那马早已转了两个弯子，出了城门。（言时间之速）

他们拔一根毫毛，比我们的腰还壮呢。（性质之伟大）

白发三千丈。（数量之多）

（乙）反夸饰

这一类夸饰的作用，是消极的，向下的。说时间，指它底慢；说动作，指它的缓；说性质，指它底弱小；说数量，指它底少。如“棘刺之端，可以为母猴”，即属此类。又如：

一刻如年。（说时间之缓）

吴刚[①]斫桂树，一举手便要三千年。（动作之缓）

力不能胜一匹雏。（性质之弱小）

拔一毛而利天下。（数量之少）

但是“言过其实”的一点，总是相同的。

我们遇到夸饰的文字，不能依字而去解释。如说“尸积如山”“血流成河”一定指的是事实，未免太笨。杜甫有一句诗：“霜皮溜雨四十围，黛色参天二千尺。”其实，“四十围”“二千尺”，无非是夸饰之词；而沈括《梦溪笔谈》中仔细推算说它太细；黄朝英又为杜甫辩护，根据古算法来计算，说它并不细。其

① 刚　底本作“纲”，通行作“刚”，据改。

实这些争论，都是白费心思的。如王褒《僮约》中的“鼻涕长一尺”，难道也要推算吗？

刘勰主张夸饰是写作上必要的手段，然而他却反对全篇说谎的《羽猎赋》。是的，夸饰用于逐句上，其效力往往比整个故事的夸饰为大。他说：

> 饰穷其要，则心声锋起；夸过其理，则名实两乖。若能酌《诗》《书》之旷旨，翦扬马之甚泰，使夸而有节，饰而不诬，亦可谓之懿也。

《庄子·逍[1]遥游》中便有一段类似说谎的大话：

> 北冥有鱼，其名为鲲。鲲之大，不知其几千里也。化而为鸟，其名为鹏。鹏之背，不知其几千里也，怒而飞，其翼若垂天之云。是鸟也，海运则将徙于南冥。南冥者，天池也。——《齐谐》者，志怪者也。《谐》之言曰：“鹏之徙于南冥也，水击三千里，抟扶摇而上者九万里，去以六月息者也。”

① 逍　底本作“赵”，据《庄子集解》（P.1）改。

小说中常可以见到这一种不甚妥当的夸饰。如《镜花缘》中写“女儿国”之过分，写“淑士国”之过酸。清代底谴责小说也往往多犯此病，往往有害于故事的真实性的。

通常认为“怒发冲冠”是夸饰，但是这一类的夸饰词，并不是夸饰中的最好者。因为“冲冠”的现象，并不足以形容怒之甚，不如“目眦尽裂”来得明白，有力些。所以夸饰的现象，也是多变化的，也得求其适当于它底限度。

第十二章○

大名与小名

俞樾《古书疑义举例》云：

> 古人之文有举大名以代小名者，后人读之而不能解，每每失其义矣。《仪礼·既夕[①]》篇："乃行祷于五祀。"郑注："尽孝子之情。五祀，博言之；士二祀，曰门，曰行。"推郑君之意，盖以所祷止门、行二祀，而曰五祀者，博言之耳。五祀，其大名也，曰门，曰行，其小名也；祀门、行，而曰五祀，是以大名代小名也。贾疏曰："今祷五祀，是广博言之，望助之者众。"则误以为真祷五祀矣。

他底所谓"大名"，乃指事物的整个，而"小名"只是事物的一小

---

① 夕 底本作"多"，以下引文出自《仪礼·既夕》，据《十三经注疏·仪礼注疏》(P.2509)改。

部分。所谓以小名代大名，即是以事物之一部分来代事物之全体。他又说：

> 又有举小名以代大名者。《诗·采葛》篇："一日不见，如三秋兮。""三秋"即"三岁"也。岁有四时而独言"秋"，是举小名以代大名也。《汉书·东方朔传》："年十二学书，三冬，文史足用。""三冬"亦"三岁"也。学书三岁而足用，故下云"十五学击剑"也。注者不知其举[①]小名以代大名，乃泥冬为说，云"贫子冬日乃得学书"，失其旨矣。

通常称"历史"为"春秋"，称"物件"曰"东西"，也是以小名代大名的好例。梁章钜《浪迹续谈》中说："物产四方而约举'东西'，犹史记四时而约言春秋耳。"

借用甲物代替乙物，是我们口头上常用的话，因此文章中也多这现象。上几章所说的"虚数"，也是以定数代不定数的例子。举成数而言，也是替代的一类。利用人们官能上的直觉，明明不是事物的本体，也能知道这是替代而不致误解的。如《左传》上的"子毋谓秦无人，吾谋适不用也"。这"人"字指人类中有智识的一部分人而言的，但是读者却知道决非秦国一个人也没有的意

① 举　底本脱，据《古书疑义举例》（P.54）补。

思，这也是以全体代一部分的例子。

所以就替代的方式仔细分别起来，有不少种类：

（甲）以事物之一部分特性代替其全部。例如曹植《与杨德祖书》“必有南威之容乃可以论淑媛”，“南威”，古之美人，用以替代美女。又如归有光《先妣事略》中的“孺人不忧米盐，乃劳苦若不谋夕”，“米盐”也只是日常生活中所必需者的一项。现代报纸上常常提起“煤米问题”，所谓“煤米问题”者，即是“生活问题”的转语而已。又如温庭筠词“过去千帆皆不是，斜晖脉脉水悠悠”，“帆”也是以船底一部分来替代“船”的。陆游诗“醉鞍谁与共联翩”，“鞍”代“马”，也是以部分代全体的例子，和以“春秋”代四时，以“东西”代四方，没有什么两样。

（乙）以事物的总称来代替它所属之一部分。如上例，以“人”代人类中的智慧者即属此类。又如方苞《左忠毅公逸[①]事》中的“每寒夜起立振衣裳，甲上冰霜迸落，铿然有声”，“衣裳”是一切衣服的总称，此处即是下文的“甲”字。又如李颀《登首阳山谒夷齐庙》“古人已不见，乔木竟谁遇”，以总称“古人”代其中一部分——夷齐。

（丙）以具体的事物替代抽象的。这一类用法最广，也最能使

---

① 逸　底本作“轶”，以下引文出自方苞《左忠毅公逸事》，据《方苞集》（P.237）改。下文径改。

人得到具体的印象。但所举具体物和抽象物之间一定得有相似之点，才不致不明白。如《礼记》中“饮食男女，人之大欲存焉”，以“饮食”代“食欲”，以“男女”代“性欲”。因为抽象的事物所给予别人的印象较弱，所以往往用具体物来替代。扬雄《法言》“童子雕虫篆刻，壮夫不为也”，“雕虫篆刻”用以代抽象的“辞赋小技”的。又如《论语》“鲁卫之政，兄弟也”，以具体的“兄弟”，代替抽象的意念“相类似”。又如：

莫等闲，白了少年头，空悲切。（岳飞《满江红》）

多情应笑我，早生华发。（苏轼《念奴娇》）

吾年未四十，而视茫茫，而发苍苍，而齿牙动摇。（韩愈《祭十二郎文》）

都是将“老”的意念具体化起来了。不但事如此，物亦如此，如陆游诗“平生最喜听长笛，裂石穿云何处吹”，以“长笛”代“笛声”。此外也以“日”代“日光”，“月”代“月色”，“灯”代“灯光”的。

（丁）以抽象的事物代替具体的。这一类常见于文艺性的文章中。如：

知否？知否？应是绿肥红瘦。（李清照《如梦令》）

> 落红不是无情物，化作春泥更护花。（龚自珍诗）
>
> 坐看红树不知远[1]，行尽青溪忽值人。（王维《桃源行》）
>
> 姹紫嫣红开遍，似这般，都付与断井颓垣！(《牡丹亭》)

以抽象的“绿”“红”“紫”代替具体的“花”“叶”。又如以“伉俪”代夫妇，以“风雅”代“风雅君子”，皆属此类。

再从两种事物替代底关系言之，除了上述的几项以外，又可以分作数种：

（甲）以事物的标记性质来替代这事物。我们常以“缙绅”代君子，“缙绅”两字底本义是赤色之带，因为“君子”常有这种服饰，便举以相代。这是以这种人的服饰来替代其人的。又如《孟子》中的“自反而不缩，虽褐宽博，吾不惴焉”，“褐宽博”也是以这一类人的标记来替代其人的。又如以“虺蜴”代恶人，以“豺狼”代酷吏。又如龚自珍底《说居庸关》“安得与反毳者挞戏于万山之间”，“反毳”是匈奴人底服装，用以代匈奴人。犹如《论语》中“微管仲，吾其披发左衽矣”，“披发”“左衽”也是与“反毳”同例的。杜甫诗“纨绔不饿死，儒冠多误身”，“纨绔”指有钱人底子弟，“儒冠”指儒者，也以他们底标记而代替的。又苏轼诗中以“三朵花”代戴三朵花之人，魏禧《大铁椎传》以“大

① 远　底本作“道”，据《王维集校注》（P.16）改。

铁椎”代拿大铁椎的好汉。这种例子，不过不多见罢了。

（乙）因作者的关系而代替的。如曹操的《短歌行》“何以解忧，唯有杜康”，因杜康是造酒的人，便用以代酒。《儒林外史》中“熟读王叔和，不如临症多”，以王叔和代医书。又如曹植文“人怀盈尺，和氏而无贵矣”，便以“和氏”代“连城之璧”了。

（丙）以原因与结果相代。如我们说东西之多为“汗牛”，“汗牛”是书多的结果，但用以代原因。《史记》“汗马之劳”，“汗马”也是代它底原因“力战”的。又如范成大诗“笋舆篾舫相穷年”，“笋”是因，“竹”便是果。

足见替代的方式，不一定是限于大名与小名的。用替代，可以使文章婉曲，并不限定于词语上的。而这几种分类也不是一成不改的定式。例如“填沟壑”来替代“死”的意念，一方面可以称它为以具体代抽象，也可以说是结果代原因。“无丝竹之乱耳”，以“丝竹”代“乐器”，一方面可以说是以部分代全体，同时也可以说“丝竹”代“丝竹”之声，属于具体代抽象一类。又如上例，代“老”的意念又可以有许多的说法，同时也不限定是一个词语的。

替代的另一原因，也由于口语的关系。例如《晋书·王衍传》：“衍口未尝言钱。妇令婢以钱绕床下。衍晨起，不得出，呼婢曰：举却阿堵物。”“阿堵”就是“这个”，也是替代的一种方式。民间这例子最多。明陆容《菽园杂记》中说：

> 民间俗讳，各处有之，而吴中为甚。如舟行讳住讳翻，以箸为“快儿”，幡布为“抹布”。讳离散，以梨为“圆果”，伞为“竖笠”。讳狼籍，以“榔槌”为“兴哥”。讳恼躁，以“谢灶”为“谢欢喜”。

不但民间如此，在上者也常用特定的词语代替一种意念，所以同一事物便有不同的称谓了。贾谊《陈政事疏》中说：

> 古者大臣有坐不廉而废者，不谓不廉，曰“簠簋不饰”。坐污秽淫乱、男女无别者，不曰污秽，曰“帷薄不修”。坐罢软不胜任者，不曰罢软，曰“下官不职”。

其实也只是要求适合情景而运用代替语而已。我们可称父母作“椿萱”“高堂”；兄弟作“手足”，作“堂棣”“雁行”；夫妻称“伉俪”“连理”，也是辗转替代而得来的。推其最初，或由于比喻，或由于歇后藏头，但使用的方法，终不外于替代。

所以我们解释替代，也不可泥定字面上的解释，和夸饰一样。例如石达开文“忍令上国衣冠，沦于夷狄”，“衣冠”代“文明”，以具体代抽象，和普通衣服帽子的解释不同。《孟子》“虽袒裼裸裎于我侧”，以具体的“袒”“裼”“裸”“裎”代替抽象的无礼。又有一种更巧妙的代替方法，如汪中《释三九》：

《春秋传》:“卫懿公好鹤,鹤有乘轩者。”鹤乐乎无轩,好鹤者不求其行远,谓以卿之秩宠之,以卿之禄食之也。故曰:“鹤实有禄位。”然不云视卿,而云乘轩,此辞之曲也。

其实也是一种代替。又如《左传》上有一句“中军下军争舟,舟中之指可掬也”,据刘知幾的批评,以为“不言攀舟扰乱,以刃断指,而但曰舟指可掬,则读者自睹其事矣”。

所以替代的方式,也是变化无定的。我们用替代的时候,应该注意有几种不适用于今日。如以“蛾眉”代女人,以“乘轩”代官爵,以“万钟”代大官,以“儒冠”代读书人……同时如苏轼之“未暇远寻三朵花”,以“三朵花”代人。他在序中说:“房州有异人,常戴三朵花,莫知其姓名,郡人因以三朵花名之。”如果没有这解释,别人如何会懂呢?所以这一种——又如以“杜康”代酒——均是不甚妥当的。

替代其实是“用典”的先声。用典的原始方式,也只是和替代一样,以甲物代乙物,以甲事代乙事的,其目的使文章流利而有力。但是以后越走越僻,全事堆垛,以僻典的运用为能事了。这一个问题,留俟下章再作研讨。

用整句句子来作代替的,比用一个词语更有趣,正如“寓言”之与“明喻”和“暗喻”一样。除了上述几例外,又如《战国策》中齐王叫孟尝君解职底话:“寡人不敢以先王之臣为臣。”不过是免职中较漂亮的话，所代表的意念和“免职”是一样的。又如《左传》中底“鲁人以为敏”，笨人觉得聪明，那么其聪明之程度也可不言而喻了。凡此种种，都可以使文意婉曲起来，比老实说更有趣味，也比用词语的替代方法高明得多了。

第十三章 ○

造句上应注意的事项

知道了句子底构造和变化，知道了夸饰、比喻等等，所造之句是否一定可以称作佳妙呢？句底构成既无一定的法式，修词的现象又多变化的，我们造句应该如何着手？

我们造句，使它成为佳妙，应注意的有三个条件：（一）明白；（二）和谐；（三）生动。如何才可以使文句臻于明白的地步？如《史通·叙事》篇中所说：

> 《公羊》（应作《穀梁》）称：郄克眇，季孙行父秃，孙良夫[①]跛。齐使跛者逆跛者，秃者逆秃者，眇者逆眇者。盖宜除“跛者”以下句，但云“各以其类逆”，必事加再述，则于文殊费，此为烦句也。

---

① 夫　底本作“文”，据《史通通释》（P.170）改。

依刘知幾底意思，只要加“各以其类逆”一句，文意已经够明白了。但是魏际瑞却批评刘氏底话道：“简则简矣，而非公羊、史迁之文，又于神情特不生动。”所以“明白”与“繁简”是两个问题。刘知幾删了原文，而明白底程度却不及原文，所以还是繁的好。因此可知所谓“明白”，也有浅深可分。我们所需要的是最自然最有趣的“明白”，不单是写述一个简单的概念就算的。又如《滹南遗老集》中说《史记·留侯世家》中的一句“刘敬说高帝曰‘都关中’”，多了“曰”字。试看“刘敬说高帝都关中”一句，比原文是否不明白？我们知道这两句虽则多少一个字，而明白的程度是相等的，那么《滹南遗老集》中的议论是相当有理的。再如《黄氏日钞》中所说的：

> 苏子由《古史》改《史记》，多有不当。如《樗里子传》，《史记》曰：“母，韩女也，樗里子滑稽多智。”《古史》曰“母，韩女也，滑稽多智”，似以母为滑稽矣！然则“樗里子”三字，其可省乎？《甘茂传》，《史记》曰：“甘茂者，下蔡人也。事下蔡史举，学百家之说。”《古史》曰“下蔡史举学百家之说”，似史举自学百家矣！然则“事”之一字，其可省乎？以是知文不可省字为工。字而可省，太史公省之久矣。

文章中常常有省略的地方，但是省略得不适当，便妨害了句意底明白。所以要使句意明白，固然不可繁杂太甚，但是也不可以刻意求简，作过分的省略。

其次妨害句子明白的是意义含混。当时作者或自知其意，但是，传到现在，因句子构造方式不甚明豁而生误解。例如《论语》:

民可使由之，不可使知之。

便有两个解释。一是读作“民可使由之，不可使知之”，二是读作“民可，使由之；不可，使知之”，而意义却完全相反。又如《老子》中的:

故常无欲以观其妙，常有欲以观其徼。

也可以读作“故常无，欲以观其妙；常有，欲以观其徼”，意思也不相同。又如《左传》上“鲁人以为敏”,“鲁”字可以解作“愚鲁”之“鲁”，也可解作“鲁国”之“鲁”。只因为造语上有了疏忽，文意便因之不明白，使别人费解了。

又有以歇后语造句，也易使别人不懂。如黄山谷的诗“断送一生惟有，破除万事无过”，每句下面歇去一“酒”字，不经注解，别人如何会懂呢？又如叶梦得《石林诗话》所载:

彦[1]谦题汉高祖庙云："耳闻明主提三尺，眼见愚民盗一抔[2]。"虽是着题语，然皆歇后。"一抔"事无两出，或可略"土"字。如"三尺"，则有三尺律、三尺喙皆可，何独剑乎？"耳闻明主""眼见愚民"尤不成语。余素见交游，道鲁直意殊不可解。苏子瞻诗有"买牛但自捐三尺，射鼠何劳挽六钧"，亦与此同病。"六钧"可去"弓"字，"三尺"不可去"剑"字，此理甚明易知也。

所以，歇后和藏头并非到处可用，也得选择其中已用惯而尽人皆知的词语方不致使句意晦涩。

其次，使句意不明的原因，是在结构上故意求异。例如江淹底"孤臣危涕，孽子堕心"，"危"字与"堕"字故意互相交用。这一种方法，江氏常用它，如《别赋》中的"心折骨惊"，应作"骨折心惊"的。又如欧阳修底《醉翁亭记》中也有一句"泉香[3]而酒洌"，应作"泉洌而酒香"。《史记》中也有一句：

蓟邱之植，植于汶篁。

---

① 彦 底本残缺，据《石林诗话》（P.416）补。
② 抔 底本作"坏"，据《石林诗话》（P.416）改。
③ 香 底本作"甘"，据《欧阳修诗文集校笺》（P.1021）改。下文径改。

也是将“蓟邱”与“汶篁”两词变换了位置。更著名的如杜甫底名句：

香稻[①]啄余鹦鹉粒，碧梧栖老凤凰枝。

照普通的顺序，应改作“鹦鹉啄余香稻粒，凤凰栖老碧梧枝”的。其实此两句尽不妨照本来次序排列，在音节上对偶上并无不妥之处，何必故意求异，令人费解呢?

也有人认为这种毛病出于骈文及诗句者为多，因为它们受了音律与字数的限制，便不得不任意割裂成文了。我们固然承认，韵文音律与字数的限制往往容易使文句有病，但是这种倒装的病态不一定限于韵文的，不过在韵文比较容易发现罢了。

骈文诗句之中又常常见到节缩名词的现象，无论地名、人名、官名都加以节短。如《文心雕龙》中称挚虞底《文章流别论》为“《流别》”，李充底《翰林论》为“《翰林》”：

仲治《流别》，弘[②]范《翰林》，各照隅隙，鲜观衢路。

最不妥当的是人名的节缩。如王勃《滕王阁序》称杨得意作杨意，

① 香稻　底本作“红豆”，据《杜诗镜铨》(P.648)改。下文径改。
② 弘　底本作“宏”，据《增订文心雕龙校注》(P.607)改。

钟子期为钟期：

杨意不逢，抚凌云而自惜；钟期既遇，奏流水以何惭？

散文中也有此种现象。如《左传》中称晋文公重耳为“晋重”，莒展舆[①]为“莒展”。钱大昕底《十驾斋养新录》中说：

汉魏以降，文尚骈俪，诗严声病。所引用古人姓名，任意割省，当时不以为非。如皇甫谧《释劝》：“荣期以三乐感尼父。”庾信诗：“唯有丘明耻，无复荣期乐。”白乐天诗：“天教荣启乐，人恕接舆狂。”谓荣启期也。

顾炎武、魏际瑞等人均赞同此种说法。诚然，为了求句子的和谐，而任意割裂人名，称“司马迁”曰“马迁”，称“东方朔”曰“方朔”，称“诸葛亮”曰“葛亮”，也不容易使人明白的。所以刘知幾说：

其为文也，大抵编字不只，捶句皆双，修短取均，奇偶相配。故应以一言蔽之者，辄足为二言；应以三句成文者，

① 舆 底本作“兴（興）”，据《春秋左传集解》（P.1170）改。

必分为四句。

这也是针对着这种弊病而言的。其实句子的优劣，不在乎骈散单排长短，而是明白与否的问题。

使文句不明白的最大原因，是滥用典实。自从胡适倡议不用典之后，大家认为用典是不应该的，因它足以妨害文句底明白。但胡适在《文学改良刍议》一文中，在用典中画出了另外一个领域。以为：一、古人所设譬喻，其取譬之事物含有普通意义，不以时代而失其效用者，今人亦可用之。二、成语者，合字成词，别为意义，其习见之句，通行已久，不妨用之。三、引史事与今所论议之事相比较，不可谓为用典。四、引古人作比，此亦非用典也。五、引古人之语，此亦非用典也。足见所谓用典，乃指滥用僻典而言。其实最原始的用典，即是引用。引以往或现代的言语事实以作佐证，可以使自己底话有力量，而文意格外明显。《诗经》中常有此例：

人亦有言："柔则茹之，刚则吐之。"……人亦有言："德輶如毛，民鲜克举之，我仪图之。"（《大雅·烝民》）

《史记·太史公自序》中述他作《史记》的动机，也用了许多古事来做例证：

昔西伯拘羑里，演《周易》；孔子厄陈蔡，作《春秋》；屈原放逐，著《离骚》；左丘失明，厥有《国语》；孙子膑脚，而论《兵法》；不韦迁蜀，世传《吕览》；韩非囚秦，《说难》《孤愤》；《诗》三百篇，大抵贤圣发愤之所为作也。

没有这些证据，说话便失了根据了。如果因为他用典，而斥为卑劣，岂非冤枉？又如《战国策》中的说客常常引用故事昔言，《孟子》中也常引《诗经》中的话来做例证的，但是到后来却变成了使文句不明白的因素了。李商隐作诗多用僻典，人称之曰“獭祭鱼”。元遗山《论诗》也说：“诗家多道西昆好[①]，独恨无人作郑笺。”文章要注解才能明白，一定不是好文章。周寿昌《思益堂日札》：

凡人摘裂书语以代常谈，俗谓之“掉文”，亦谓之“掉书袋”。“掉书袋”三字，见马令《南唐书·彭利用传》。利用自号“彭书袋”。传中所载掉文处，真堪绝倒。传有云：“或问其高姓，对曰：‘陇西之遗苗，昌邑之余胄。’又问其居处，对曰：‘生自广陵，长侨螺渚。’其仆尝有过，利用责之曰：‘始予以为纪纲之仆，人百其身。赖尔同心同德，左之右之。今乃中道而废，侮慢自贤，故劳心劳力，日不暇给。若而今

① 元好问《论诗》此句原作：“诗家总爱西昆好。”据《元好问诗编年校注》(P.56)注。

而后，过而勿改，予当循公灭私，挞诸市朝，任汝自西自东，以遨以游而已。’时江南人每于宴语，必道此以为笑乐。利用丧父，客吊之曰：‘贤尊窀穸，不胜哀悼。’利用对曰：‘家君不幸短命，诸子糊口四方，归见相如之壁，空余仲堪之棺，实可痛心疾首，不寒而栗。苟泣血三年，不可再见。’遂大恸。客复勉之曰：‘自宽哀戚，冀阕丧制。’利用又曰：‘自古毁不灭性，杖而后起，卜其宅兆而安措之，虽则君子有终，然而孝思不匮，三年不改，何日忘之。’又大嘘唏。吊者于是失笑。会邻家火灾，利用往救，徐望之曰：‘煌煌赫赫，不可向迩，自钻燧而降，未有若斯之盛，岂可扑灭乎？’又尝与同志远游，迨至一舍，俄不告而返。诘旦，或问之故。利用曰：‘忽思朱亥之椎，犹倚陈平之户；切恐数钧之重，转伤六尺之孤。’其言可哂者类如此。”

用典之失当，正如引用成语之不切情景一样，往往易犯此病。王安石底《桃源行》首两句“望夷宫中鹿为马，秦人半死长城下”，《高斋诗话》斥其与事实全不吻合，也是只知用典而不求适合的缘故，反而使文句不明白了。

什么是和谐？便是句子的安排处处得到匀称，不随便加以省略，也不随便更易主语，使读者的观点移动。例如《战国策》中有一句：

老臣以为媪之爱燕后，贤于长安君。

照理应作“媪之爱燕后，贤于爱长安君”，但将下文的“爱”字删了，又用了一个“贤”字，两句轻重并不匀称，便失了和谐了。又如《左传》：

匹夫匹妇强死，其魂魄犹能凭依于人；况良霄——我先君穆公之胄，子良之孙，子耳之子，敝邑之卿，从政三世矣。（郑虽无腆，抑谚曰“蕞尔国”，而三世执其政柄，其用物也弘矣，其取精也多矣。）其族又大。——所凭厚矣，而强死，能为鬼，不亦宜乎？

括弧之中，又有了括弧，那么读者的注意力便被移转了，这也是文句不匀称的地方。又如方苞《左忠毅公逸事》中的：

及试，吏呼名至史公。公瞿然，注视。呈卷，即面署第一。

史公下面的“公”字指左光斗，“呈卷”又是史可法的动作，“面署第一”又是左光斗的动作。如此交替，也易令人注意力动摇。章实斋《文史通义》中说：

汪之序文，于“臣粹然言”句下，直起云“睢州诸生汤某妻赵氏，值明末李自成之乱”云云，是亦未善。当云“故明睢州诸生汤某妻赵氏，值李自成之乱”，于辞为顺。盖突起，似现在之人，下句补出“值明末李自成”，文气亦近滞也。

此外，文句意义上已无大病，而欲求音律上的和谐，文气之调顺，必注意于虚字之运用。如《宋稗类钞》所载：

欧阳公为韩魏公作《昼锦堂记》云：“仕宦至将相，富贵归故乡。”韩公得之，爱赏。后数日，欧阳复遣介别以本至云：“前有未是，可换此本。”韩再三玩之，无异前者，但于“仕宦”“富贵”下各添一“而”字，文义尤畅。前辈为文不易如此。

这也是为了求文句的和谐而改的。可见文句上的和谐，不单是安排的次序求其明白有顺序而已。又如《默记》中也载着一个相类似的故事：

章子厚少年未改官，蒙欧阳修荐馆职。熙宁初，欧公作史炤《岘山亭记》，以示子厚。子厚诵至“元凯铭功于二石，一置兹山，一投汉水”。子厚曰：“……然终是突兀……悖欲改曰‘一置兹山之上，一投汉水之渊’……”文忠公喜而用之。

句中用同一字错综，如《孟子》中的“老吾老，以及人之老；幼吾幼，以及人之幼”。因为它们词性不同，又因为它是排句，所以非但不觉其噜苏，反而有味。如果不是排句，句子中用同一字重复，便不和谐。例如说“天已转晴了，我们在公园里游玩了，看见各种草木都盛开了”，每句末尾都用一“了”字，便感不甚和谐。同样，王若虚《滹南遗老集》论《史记》中说：

“司马相如病甚，天子曰：‘可悉取其书。’使所忠往，而相如已死，家无书。问其妻，对曰：‘长卿固未尝有书也。时时著书，人又取去，即空居。长卿未死时为一卷书，曰有使者来取书，奏之。无他书。’其遗札言封禅事。与所忠。所忠奏其书而天子[①]异之。其书曰……”凡用十“书”字，何其繁也？若云“相如已死，其妻[②]曰：‘长卿固未尝有书，时有所著，人又取去。且死，独遗一卷，曰有使者来即奏之。’其书乃言封禅事也。既奏，天子异焉。其辞云云”，不亦可乎？

① 天子 底本脱，据《王若虚集》（P.174）补。
② 妻 底本作“妾”，据《王若虚集》（P.174）改。

骈文之中夹以散语，散文中夹以骈语，是一般人用以使文章和谐的好方法。全用单句或全用排句，便觉单调。又直述句中往往搀杂以疑问或惊叹，对话太多了，便可改成为直述句，这也是调剂文句的好方法。

语意有轻重，应该适合上下文的意思。同是一句话，说法不同，轻重也不同。例如《论语》中所说“孟之反不伐，奔而殿，策其马曰‘非敢后也，马不进也’”，而《左传》作“孟之侧后入[①]，以为殿，抽矢策其马曰‘马不进也’”。同是一句话，前一例便比后一例婉转得多了。又如《论语》“子谓子贱，君子哉若人”，《左传》作“狼瞫于是乎[②]君子”。前一例表示子贱的确是一个君子，后一例不过是随口称赞的话罢了。凡此种也是为了适合情景而设。《文则》中说：

> 辞以意为主，故辞有缓有急，有轻有重，皆生乎意也。“韩宣子曰‘吾浅之为丈夫也’”，则其辞缓；“景春曰‘公孙衍、张仪岂不诚大丈夫哉’”，则其辞急；“狼瞫于是乎君子”，则其辞轻；“子谓子贱，君子哉若人”，则其辞重。

这些，也是造句时要加以注意的地方。因此有许多处所以不惮烦

① 入　底本作“人”，据《十三经注疏·春秋左传正义》（P.4704）改。
② 乎　底本作“为”，据《十三经注疏·春秋左传正义》（P.3991）改。

复地加以叙述。例如《木兰辞》中的：

东市买骏马，西市买鞍鞯，南市买辔头，北市买长鞭。

连用“东南西北”四句，写出一个女孩子出门准备忙碌的情形。下文又述木兰出门之后：

朝辞爷娘去，暮宿黄河边，不闻爷娘唤女声，但闻黄河流水鸣溅溅。朝辞黄河去，暮宿黑水头，不闻爷娘唤女声，但闻燕山胡骑鸣啾啾。

也是努力写出一个向居闺阁的女子出外的心情。因为她平日所听到的只是“爷娘唤女声”，但是此时却只听到黄河流水与燕山胡骑之声了。末了写归来时父母兄弟姊妹欢迎她的情形，以及“开我东阁门，坐我西间床……”等语，也无非是强调女子战胜归来与男子不同的情况。——如这种地方，可以知道作者造成这种句子，并非笨拙的表现。《左传》上也有这类的句子，如：

东至于海，西至于河，南至于穆陵，北至于无棣。

但所写的却是指实在的情形，和《木兰辞》中所写述的方式却不甚相同，而给与读者的意感，也不及《木兰辞》了。《孟子》也善用这一种句法的，如《庄暴论乐》一章：

> 今王鼓乐于此，百姓闻王钟鼓之声，管籥之音，举疾首蹙頞而相告曰："吾王之好鼓乐，夫何使我至于此极也？父子不相见，兄弟妻子离散。"今王田猎于此，百姓闻王车马之音，见羽旄之美，举疾首蹙頞而相告曰："吾王之好田猎，夫何使我至于此极也？父子不相见，兄弟妻子离散。"——此无他，不与民同乐也。
>
> 今王鼓乐于此，百姓闻王钟鼓之声，管籥之音，举欣欣然有喜色而相告曰："吾王庶几无疾病欤？何以能鼓乐也？"今王田猎于此，百姓闻王车马之音，见羽旄之美，举欣欣然有喜色而相告曰："吾王庶几无疾病欤？何以能田猎也？"——此无他，与民同乐也。

完全举两段重复的文句来对比衬托，但我们却不以为病。因此正可以衬映出两种不同的情形，作强有力的对照。虽则重复了，但却不犯不和谐的疵病的。如果将它改作平常错综的文句，也未尝不可以。我们对于这种地方，只可以当它作排句看，也不必拘拘于求字句的完全相同的。

怎样使文句生动？就是要毫不矫饰，适合于当时的情形。说话时，尽量表示出说话底神情；写事物，也竭力写出它底印象；不单是老实说明便算成功。例如《诗经》上的《硕鼠》：

> 硕鼠，硕鼠！无食我黍。

简直将“硕鼠”当作了人类。又如辛弃疾底“杯！汝来前”，也是如此。又如王安石《户部郎中赠谏议大夫曾公墓志铭》：

> 始，谏议大夫知苏州魏庠、侍御史知越州王柄，不善于政而喜怒纵入。庠介旧恩以进，柄喜持上。公到，劾之，以闻。上惊曰：“曾某乃敢治魏庠，克畏也！”——“克畏”，可畏也，语转而然。

这种例子非常多，用了直写的方式来写出当时的口语，容易逼真而生动。又如我们说话，在情急或喜悦时往往有重复的地方，照式写出来，也是使文句生动的方法。例如《史记》中述平原君对毛遂的话。当平原君选人赴楚时，毛遂自荐，而平原君却瞧不起他：

> 是先生无有也！先生不能，先生留。

连用三“先生”。因为当时平原君不愿意叫他同去，这一句却将不要他去的意念明明白白地表示出来了。等到后来毛遂成功之后，平原君异常不自安，便来了一套极端恭维的话：

> 今乃于毛先生而失之也。毛先生一至楚而使赵重于九鼎大吕。毛先生以三寸之舌，强于百万之师。

一重复而神气全出。又如《孟子》中的：

> 有馈生鱼于郑子产。子产使校人畜之池。校人烹之，反命曰："始舍之，圉圉焉，少则洋洋焉，悠然而逝。"子产曰："得其所哉！得其所哉！"校人出，曰："孰谓子产智？余既烹而食之，曰：得其所哉！得其所哉！"

在这几句独白中，可以看出子产想象的鱼入水之神情，以及校人狡猾的口吻，所以可以说是生动的。——这一种句法，通常叫做"叠句"。《论语》：

> 斯人也，而有斯疾也；斯人也，而有斯疾也。

用了叠句足以见其感慨之深。同时又有一种复句，它底功用也和叠句相似，可以增强语气。如《孟子》中的：

向为身死而不受，今为宫室之美为之；向为身死而不受，今为妻妾之奉为之；向为身死而不受，今为所识穷乏者得我而为之。是亦不可以已乎？此之谓失其本心！

其中“向为身死而不受”一句，也可以增强他理论时候的语气的。普通记载言语，各人有各人底性情及其职业特性，写述时应加以注意，不可求其太雅。如章实斋所指的：

文人固能文矣，文人所书之人，不必尽能文也。叙事之文，作者之言也，为文为质，惟其所欲，期[①]如其事而已矣。记言之文，则非作者之言也，为文为质，期于适如其人之言，非作者所能自主也。贞烈妇女，明诗习礼，固有之矣；其有未尝学问，或出乡曲委巷，甚至佣妪鬻婢，贞节孝义，皆出天性之优……每见此等传记，述其言辞，原本《论语》《孝经》，出入《毛诗》《内则》……自文人胸有成竹，遂致闺修[②]皆如板印。与其文而失实，何如质以传真也。

这种地方，应该加以注意。

写述事物，当然须求其逼真，但是刻画太细，又无趣味。于

① 期　底本作“斯”，据《文史通义校注》（P.508）改。
② 修　底本作“条（條）”，据《文史通义校注》（P.508）改。

是比喻是一种最好的方法。写石，如“其嵚然相累而下者，如牛马之饮于溪；其冲然角列而上者，若熊罴之登于山”；写声，如“如怨，如慕，如泣，如诉”……但是使文章生动的，是依印象作描写。或者用暗喻，如孙福熙《红海上的一幕》：

> 水面上的一点日影渐与太阳的圆球相接而相合，迎之而去了。太阳不想留恋，谁也不能挽留。空虚的舞台上惟留光明的小星，在可美的布景前闪烁，听满场的鼓掌。

所谓“舞台”，是指海和天的；所谓“鼓掌”，是指浪涛之声。比用明喻更易感染别人了。又如《敕勒川歌》“天如穹庐笼盖四野”“风吹草低见牛羊”，又如柳宗元的《小石潭记》“斗折蛇行，明灭可见”，都是属于这一类的，可以使人得具体的印象。

使文意生动，另外的一个条件，是辞意的婉曲。一种感情，不直接说出来，留些余地让别人思考，这也是文人常用的手法。不过不能太晦，要费人猜想，便不是好文字。我们知道句子中有两种说法：一种是肯定的句子，如“仁者，人也”；一种是否定的，如“聪与敏不足恃也”。但是往往有连用两个否定词的话，虽然也是肯定的意思，但比普通肯定语生动，如“故非有志者不能至也”，“此学之所以不可不深思而慎取之也”。为什么一定要如此说？无非是求语气的婉转。又如《爱罗先珂童话集》：

我没有翅子的时候，也活着；你没有鳞，岂非也并不死掉吗？

也是连用两个否定词而使文句生动的例子。此外，也有用闪烁的话来表示，如《史记》中写周勃从监狱里出来的叹语：

吾尝将百万军，然安知狱吏之贵乎？

完全写出了狱吏的威福来。《三朝北盟会编》中记载岳飞在狱中也有同样的话。又司马光《迂叟诗话》中论杜甫底《春望》诗道：

古人为诗，贵于意在言外，使人思而得之，近世诗人惟杜子美最得诗人之体。如“国破山河在，城春草木深；感时花溅泪，恨别鸟惊心”。“山河在”，明无余物矣；“草木深”，明无人矣。花鸟，平时可娱之物，见之而泣，闻之而恐，则时可知矣。他皆类此，不可遍举。

诗词之中这类例子是比较多见的，大抵是用以抒情的居多。但也有以反说来表达情意的，如《背影》中常说“那时，我实在太聪明了”等话。战国时，讽谏之士也很多这一类底话，如淳于髡对齐王所说的。

使文句生动，也有赖于虚字的运用，“之”“乎”“者”“也”“的”“么”“呢”“啦”，也不是随便写写而已的，尤其是连词与助词。《曲洧旧闻》记载着一个故事：

> 范忠文[1]公在蜀，始为薛简肃公所知，及来中州，人未有知者。初与二宋相见，二宋亦莫之异也。一日相约结课，以“长啸却胡骑”为题。公赋成，二宋读之，不敢出所作。既而谓公曰：“君赋极佳，但破题两句，无顿挫之功。每句之中添一‘者’字如何？”公欣然从之。二宋自此遂大加称赏，乃定交焉。

我们先得揣摩语气上的变化，然后可以了解在那一种地方用得最适当。当然，滥用虚字也并不是一个好方法。《世说新语》中有很多传神之语，我们可以参考一下。

能够做到上述这三个条件，文语上至少可以无大过了。但是这几项必须常加研究才可以了解的。这不过是几种原则而已。

句语的单、复、长、短也没有一定的规则。总之，要能交互替用，不可拘泥于某种形式，求其有变化。骈文与散文的不同，也不过是文章中骈句散句成分多少之比例各异而已。造句上重要的项目也是不外乎上述几点。如能细细揣摩，至少不致有不明白、

① 忠文　底本作“文忠”，据《曲洧旧闻》（P.112）改。

不和谐的病态了。

也许有人以为骈文重在声律，而散文则与声调毫无关系，这也是错误的见解。欧阳修文中加了两个“而”字，和改作“一置兹山之上，一投汉水之渊”，都是和音节有关系的。而韩愈底文章力求其佶屈聱牙，也是想从平常调和的音节中，变化出不调和的美来。骈文不过单就调和的一方去发展而已。散文通常也要求它轻重抑扬和文意吻合，同时全篇加以调剂，其中并没有什么奥妙的地方。像在电影院里奏着无线电的播音，它底高低缓急和剧情要有关系，至少不能背戾，如此而已。

所以文句的优劣，应该就全篇文章来看，看它在全篇文章中是否能发挥它所任底功能。如果徒然占据一个地位，那么整句就是骈枝赘疣了。让我以刘勰底话来作结论吧！

> 夫裁文匠笔，篇有小大；离章合句，调有缓急；随变适会，莫见定准。句司数字，待相接以为用；章总一义，须意穷而成体。其控引情理，送迎际会，譬若舞容回环，而有缀兆之位；歌声靡曼，而有抗坠之节也。寻诗人拟喻，虽断章取义，然章句在篇，如茧之抽绪，原始要终，体必鳞次。启行之辞，逆萌中篇之意；绝笔之言，追媵前句之旨……若辞失其朋①，则羁旅而无友；事乖其次，则飘寓而不安。

① 朋　底本作“明”，据《增订文心雕龙校注》（P.436）改。

第十四章 ○

章篇底安排

已论列过用词和造句，我们可以进而研讨章篇底安排了。一篇文章可以分成几个段落，这段落便叫做“章”。所以词是句的基础，句是章的基础，而章又是全篇的基础。《文心雕龙·章句》篇中说：

> 夫设情有宅，置言有位。宅情曰章，位言曰句。故章者明也，句者局也。局言者联字以分疆，明情者总义以包体。区畛相异，而衢路交通矣。夫人之立言，因字而生句，积句而成章，积章而成篇。篇之彪炳，章无疵也；章之明靡，句无玷也；句之清英，字不妄也。振本而末从，知一而万毕矣。

一篇文章有一个重心，每章是帮助阐明这中心的。而一章之中也有一个重心，不容错乱。陆机《文赋》中说：“或仰逼于先条，或俯侵于后章，或辞害而理比，或言顺而义妨。离之则双美，合之则两伤。”所以裁章必须在一篇之中，择其同属一范围的合成一章，如此方不错乱矛盾。而一章之中语句的先后，又得加以安排，要有层序。《文心雕龙》中又说：

> 句司数字，待相接以为用；章总一义，须意穷而成体。其控引情理，送迎际会，譬若舞容回环，而有缀兆之位；歌声靡曼，而有抗坠之节也。寻诗人拟喻，虽断章取义；然章句在篇，如茧之抽绪，原始要终，体必鳞次。启行之辞，逆萌中篇之意；绝笔之言，追媵前句之旨……是以搜句忌于颠倒，裁章贵[①]于顺序，斯固情趣之指归，文笔之同[②]致也。

据元白珽《湛渊静语》载：莫子山暇日山行，遇一寺，颇有泉石之胜，因诵唐人绝句以快喜之。云：“终日昏昏醉梦间，忽闻[③]春尽强登山。因过竹院逢僧话，又得浮生半日闲。”及叩寺僧，乃是庸俗不堪之人，与之语，又格格不相入，于是乃改唐诗道：“又得浮生半日闲，忽闻春尽强登山。因过竹院逢僧话，终日昏昏醉梦间。”顺序一变，意思也完全不同了。又如《墨子》原本

① 贵　底本作“发”，据《增订文心雕龙校注》（P.437）改。
② 同　底本作“用”，据《增订文心雕龙校注》（P.437）改。
③ 闻　底本作“然”，据《湛渊静语》（P.24）改。

《尚贤》中有一章是：

> 是故昔者尧有舜，舜有禹[①]，禹有皋陶，汤有小臣，武王有闳夭、泰颠、南宫括、散宜生，得此[②]莫不劝誉。且今天下之王公大人士君子，中实欲为仁义，求为上士，上欲中圣王之道，下欲中国家百姓之利，而天下和，庶民阜。是以近者安之，远者归之，日月之所照，舟车之所及，雨露之所渐，粮食之所养，故尚[③]贤之为说，而不可不察此者也。

因为其中错简甚多，所以读了不易明白他这一章的中心思想。再试看王念孙校正之本，加以排列，便豁然明白了。

> 是故昔者尧有舜，舜有禹，禹有皋陶，汤有小臣，武王有闳夭、泰颠、南宫括、散宜生，而天下和，庶民阜。是以近者安之，远者归之，日月之所照，舟车之所及，雨露之所渐，粮食之所养[④]，得此莫不劝[⑤]誉。且今天下之王公大人士君子，中实将欲为仁义，求为上士，上欲中圣及王之道，下

① 禹　底本作“语”，据《墨子闲诂》（P.72）改。

② 此　底本作“些”，据《墨子闲诂》（P.72）改。

③ 尚　底本作“而”，据《墨子闲诂》（P.73）改。

④ 雨露之所渐，粮食之所养　底本作“雨露之所养”，据《墨子闲诂》（P.72）改。

⑤ 劝　底本作“动”，据《墨子闲诂》（P.72）改。

> 欲中国家百姓之利，故尚贤之为说，而不可不察此者也。

所以一章之中句子要有次序。

一章之中，必须言之有物，也不可与全篇文意冲突，成为骈枝赘疣。换言之，全章主要的条件，也以明白为上。唐彪《读书作文谱》中说："文章不贯串之弊有二：如一篇中有数句先后倒置，或数句辞意少碍，理即不贯矣。承接处字句或虚实失宜，或反正不合，气即不贯矣。二者之弊，虽名文亦多有之。读文者不当以名人之文恕于审察，必细心研究，辨析其毫厘之差。"但是在上述两病之外，尚有一章中的文字晦涩不明，添在全篇之中，有类蛇足，非但不使全篇文字生色，且反妨碍其统一性的。如归有光《项脊轩记》当中的一段：

> 项脊生曰：蜀清守丹穴，利甲天下，其后秦皇帝筑女怀清台。刘玄德与曹操争天下，诸葛孔明起陇中。方二人之昧昧于一隅也，世何足以知之！余区区处败屋中，方扬眉瞬目，谓有奇景，人知之者其谓与埳[①]井之蛙何异？

此段文章破坏了全篇底凝聚性，而这一章中的中心思想也嫌不明

---

① 埳　底本作"陷"，据《震川先生集》（P.430）改。

白。它底文句却没有什么不通顺的地方。就一章而论，也嫌它说话没有力量，所引用的例子也不够明白。

又有单有调子而无内容的文章，从前人往往不肯割爱，让它在文章中占一个位置。这是徒然拖长了篇幅，于全篇无益而有害的。这种章节，更不宜让它存在。梁绍壬《秋雨庵随笔》中曾记载两段单有调子没有内容的文章：

> 天地乃宇宙之乾坤，吾心实中怀之在抱，久矣夫千百年来，已非一日矣。溯往事以追维，曷勿考记载而诵诗书之典籍。元后即帝王之天子，苍生乃百姓之黎元，庶矣哉亿兆民中，已非一人矣。思入时而用世，曷弗瞻黼座而登廊庙之朝庭。

完全是空调子。从前人的文章中往往喜欢嵌入一段或几句滥调的。

再就整篇的结构来加以研讨，章既然是篇中的基石，那么全篇结构的优劣，当然也是基于章的安排是否适当，每一章是否已尽了它的责任。《文心雕龙·镕裁》篇中说：

> 是以草创鸿笔，先标三准：履端于始，则设情以位体；举正于中，则酌事以取类；归余于终，则撮辞以举要。然后舒华布实，献替节文，绳墨以外，美材既斫，故能首尾圆合，

条贯统序。

王安石称《春秋》为“断烂朝报”，有人评邹阳《上梁孝王书》为“白地光明锦，裁为负贩裤”，即是说他们不能有良好的结构。一篇文字一定得有一个中心，每章虽各有其主意，要之，亦均有整篇中心之一端。曾国藩说：

> 一篇之内端绪不宜繁多。譬之万山旁薄，必有主峰；龙衮九章，但挈一领。否则首尾衡决，陈意芜杂，兹足戒也。

普通文章，它们的全篇，和每段有很密切的关系。章与章之间，求其连络，这方法很不一致，普通常见到的是文字上的连系。如司马迁《报任安书》中先说“教以慎于接物，推贤进士为务”，而后又说“今少卿乃教以推贤进士，无乃与仆私心剌谬乎”。又如宗臣《报刘一丈书》，先言“以上下相孚，才德称位语不才，则不才有深感焉”，下面再述“今之所谓孚者何哉”，“此所谓上下相孚也”。周容《鹁笼夫人传》每一章中均有“夫人静坐治针黹，无少异容”，凡复三次。更奇怪的是龚自珍底《说居庸关》，前半篇每段有“疑若可守然”一句：

> 居庸关，古之谭守者之言也。龚子曰：疑若可守然。何

以疑若可守然？曰：出昌平州，山东西远相望，俄而相辏，相赴，以至相蹙。居庸置其间，如因两山以为之门，故曰疑若可守然。关凡四重……关之首尾具制如是，故曰疑若可守然。下关最下，中关高倍之，上关高又倍之。八达岭之俯南口也，如窥井然，故曰疑若可守然。

下半篇凡六段，每段的开端都有[①]“自入南口”一句。这一篇文章是比较奇特的一篇，这几句都是全篇的连系。又如《庄辛说楚王》，每一段有“夫××，其小者也，××之事因是已”，不过以蜻蜓、黄雀、黄鹄、蔡灵侯、君王，由小及大，渐次推进，也渐次说到主题的。也有一种章与章之间本没有关系，已可独立为一篇而加以连系的，像《史记》的《刺客列传》记载一个刺客的事实完了以后，加上一句“×年而有××之事”，便将它连结起来了。又如记游或者记时的，往往也用短语作连系。如恽敬的《游庐山记》：

嘉庆十有八年三月己卯，敬以事绝[②]宫亭。

庚辰舣星子，因往游焉。

辛巳，由三峡涧陟欢喜亭。

---

① 底本“有”下衍“一句”，据文意删。

② 绝 底本作“赴”，据《恽敬集》（P.389）改。

壬午，道万杉寺。

癸未，往瞻云。

甲申，吴兰雪携寥雪鹭、沙弥朗圆来。

乙酉，晓望瀑布。

完全以日期来作连系的，但每一开端加以变化罢了。记事的如《左传》上晋文公出国一篇中，“过卫”“及齐”“及曹”“及宋”“及郑”“及楚”“送诸秦”也是应用这种连络的方法的。

以上所举都是连系明显的例子，也可以说是平叙的。如苏轼底《后赤壁赋》中有“是岁”“复游”“曾日月之几何，而江山不可复识矣”，完全是照应到《前赤壁赋》的。又如柳宗元的《永州八记》，写西山一篇之后，写钴鉧潭道“钴鉧潭在西山西”；再写小丘道“潭西二十五步，当湍而浚者为鱼梁，梁之上有丘焉”；再写小石潭道“从小丘西行百二十步，隔竹篁，闻水声，如鸣佩环，心乐之，伐竹取道，下见小潭”；再写袁家渴道“……莫若钴鉧潭……莫若西山……莫若袁家渴”；再写石渠道“自渴西南行不能百步，得石渠”；再写石涧“由渴而来者，先石渠，后石涧”；再写小石城山“自西山道口径[①]北……土断而川分，有积石横当其垠”。每一连系的方式，均有变化，不注意，不容易分别出来。当

① 径　底本作“经”，据《柳宗元集》（P.772）改。

然这是比较聪明的办法。

至于全篇统一的方法，除上述几点以外，最常见到的，又有两种：一种是归纳式，一种是演绎式。举个例说，如贾谊底《过秦论》，先述说秦初之强，再写其败亡之速，而得到了一个结论："仁义不施，而攻守之势异也。"这是归纳式的一例。又如他底《陈政事疏》，先说"可为痛哭者一，可为流涕者二，可为长太息者六"，以后便缕述所以痛哭、所以流涕、所以太息的理由。这是演绎式的例。王光祈底《工作与人生》一篇，前半篇说"什么是工作"，下半篇解释"为什么要工作"。前半是演绎式，而后半却用归纳式。前半篇他先解释"工作"一词底定义道：

> 工作的定义就是："以自己的劳力作成有益于人类的事业。"

以后便逐段解释这定义中的话。解释完了，便告一段落。下半篇先举出别人的解释"报恩主义""偿债主义"，加以批评，然后提出自己底答案，"共同生活主义"。这是一篇文章中共用这两种方式的例子。

记述文通常以事实发生底次序作先后顺次述说的。如侯方域底《马伶传》，先写马伶不及李伶的事，再写三年以后马伶压倒李伶的事，完全照时间顺述的。但是也有嫌它太平凡而加以变化的，

那么便又有了许多的作法。如苏轼底《方山子传》:

> 方山子,光、黄间隐人也。少时,慕朱家、郭解为人,闾里之侠皆宗之。稍壮,折节读书……晚乃遁于光、黄间……独念方山子少时,使酒好剑……今几日耳,精悍之色,犹现于眉间,而岂山中之人哉!

按时间,"独念方山子少时"一段,应说在"晚乃遁于光、黄间"之前,现在放在后面,叫做"追叙"。《左传》上,常用一个"先"字、"初"字来表示的,如城濮之战:"初[①],晋侯始入而教其民。"又如《史记·屈原贾生传》写屈原道:

> 王怒而疏屈平。屈平疾王听之不聪也……邪曲之害公也,方正之不容也,故忧愁幽思,而作《离骚》……屈平既绌……

将屈原作《离骚》的缘由及对于《离骚》之批评,夹在"王怒而疏屈平"和"屈平既绌"之间,这叫做"插叙"。普通常在叙事文中插入当时风物之描写,如蒋士铨《鸣机夜课图记》中插入"檐风几烛,若愀然助人以哀者",魏禧《大铁椎传》中插入"时鸡鸣

① 初 《左传》并无此字,据《十三经注疏·春秋左传正义》(P.3956)注。

月落，星光照旷野，百步见人”等语，这在记述文中是很有帮助的。此外，又如柳宗元底《梓人传》，前面不写出梓人的姓名，文末方说他叫杨潜，这是“补叙”。又如王安石《游褒禅山记》中先说：

> 余与四人拥火以入。入之愈深，其进愈难，而所见者愈奇。

结尾的地方再述“四人者：庐陵萧君圭君玉，长乐王回深父，子弟安国平父、安上纯父”。

这也是补叙的例。不补叙，前面“余与四人拥火以入”一句，四人是谁，便不明白。如果将四人姓名加在前面，也未尝不可以。

章篇的结构，大约如此，不过变化很多，不能一概而论。有许多人喜欢多变化，故意为奇，往往忽略了连系，而使文章的变化不合于原则。章学诚《文史通义》中说道：

> 有明中叶以来，一种不情不理自命为古文者，起不知所自来，收不知所自往，专以此等出人思议，夸为奇特，于是坦荡之途，生荆棘矣。夫文章变化侔于鬼神，斗然而来，戛然而止，何尝无此景象，何尝不为奇特。但如山之岩峭，水之波澜，气积而势盛，发于自然。必欲作而致之，无是理矣。

所以作文谋篇，不可故意作奇，而失却自然之美，而成篇也以明白生动为先决条件。同时，所叙之事物不同，所论之事实不同，所描写的情景不同，得触景生情，自加变化，也不能指定一定应用那一种方式的。清人论文有“起承转合”之说，统论一般的，尚不无道理，但一定约之以如此形式，便成刻板的文章。章学诚又说：

> 古人文成法立，未尝有定格也。传人适如其人，述事适如其事，无定之中，有一定焉。知其意者，旦暮遇之，不知其意，袭其形貌，神弗肖也。往余撰和州故给事成性志传，性以建言著称，故采录其奏议。然性少遭乱离，全家被害，追悼先世，每见文辞。而《猛省》之篇，尤沉痛可以教孝。故于终篇全录其文。其乡有知名士，尝论余文曰：“前载如许奏议，若无《猛省》之篇，譬若行船，鹢首重而舵楼轻矣。今此婪尾，可谓善谋篇也。”余戏诘云：“设成君本无此篇，此船终不行耶？”盖塾师讲授四书文义，谓之时文，必有法度，以合程式。而法度难以空言，则往往取譬以示蒙学。拟于房室，则有所谓间架结构；拟于身体，则有所谓眉目筋节；拟于绘画，则有所谓点睛添毫；拟于形家[①]，则有所谓来

① 家　底本作“容”，据《文史通义校注》（P.509）改。

龙结穴。随时取譬。然为初学示法，亦自不得不然，无庸责也。惟时文结习，深锢肠腑，若进窥一切古文，皆此时文见解，动操塾师启蒙议论，则如用象棋枰布围棋子，必不合矣。

文章方式之不易，亦于此可见了。

第十五章○

开端与作结

开端和结尾，是一篇文章中比较重要的部分，它们底好坏，往往会影响到全篇文章。初学者一提起笔，常常觉得有许多的感想或事实，不知从那一点先说好。“一部廿四史，不知从何说起。”于是不得不先来一套模棱两可的话，“人生天地之间”也好，“时代的巨轮，绝地推进”也好，“时光过得真快”也好……随便那一篇文章的开端都可以用得着。或者随便写上一个叹词“呜呼”“嗟乎”“啊哟”等俗滥的调子，接着再发一段不关痛痒的空论。我在一本大约是“作文菁华”之类的书中，发见两篇文章，一篇底题目是“治国必先自治论”，另一篇是“五四运动纪念日感言”，可是这两篇文章的开端是相同的：

求木之高，必固其根；欲流之远，必浚其源。舍本而逐末，其能达到目的也几希。

文字上毫无什么差误，但是总觉得离开题意太远了。凡是到处可用的文章，一定即是到处都用不着的文章。开端如此，结尾也是如此。

先就著名的文章来研讨它们底开端吧。据说欧阳修作《醉翁亭记》初稿的开端有二十多字，从滁州底四周说起，后来屡次改易，便成为现存的样子，“环滁皆山也”一句，全文为之凝聚。最常见的开端，一写就提到主题，如苏明允《权书》论六国一篇，开首说：

> 六国破灭，非兵不利，战不善，弊在赂秦。赂秦而力亏，破灭之道也。

又如朱自清底《背影》的开端：

> 我与父亲不相见，已经二年余了，我最不能忘记的是他的背影。

又如宋起凤底《核工记》，开头便说：

> 季弟获桃坠一枚。

又如宗白华底《学者的态度与精神》，一开头便喝出全文的要点：

我向来最佩服的，是古印度学者的态度；最景仰的，是欧洲中古学者的精神。

又如李斯《谏逐客书》的开头，也说“臣闻吏议逐客，窃以为过矣”，以后便申述这两句话底理由。以上诸例，皆是将全篇重心放在开端的。但是并非所有文章皆是如此的，如苏轼底《教战守》，以反诘语作开端；贾谊《过秦》，先叙秦之强，将重心放在结尾。让我再以文章底体裁来说明几种不同的开端。

记述文大抵先写出所要记的事物之来源形状，或者所记人物之姓名里居……上例“季弟获桃坠一枚”，和魏学洢《核舟记》底发端“明有巧人王叔远，能以径寸之木，为宫室器皿人物，以至鸟兽木石，罔不因势象形，各具情态。尝贻余核舟一，盖大苏泛赤壁云”。又如韩愈《画记》:“杂古今人物小画共一卷。”袁希涛《大同云冈石窟佛像记》:“大同云冈石窟造像，与洛阳伊阙造像相辉映。”——这些都是写事物的开始的。又如苏轼底《游定惠院记》:“黄州定惠院东小山上，有海棠一株，特繁茂。每岁盛开，必携客置酒，已五醉其下矣。”魏叔子《大铁椎传》:“大铁椎，不知何许人。”侯方域《马[①]伶传》:“马伶者，金陵梨园部也。”梁启超《武训》:“武训，山东堂[②]邑人。”——这是记事记人的开始。

① 马 底本作“李”，据《侯方域全集校笺》(P.297)改。下文径改。
② 堂 底本作“昌”，据《初级中学国文》第一册(P.73)改。

论说文的开端，大都先提出所要论说的事物，或先提出自己底主见。如果这事物，为大众所共知的，可以不加解释，或是举出和它同类的事物而加以比较，说明其不同。例如黄宗羲《原君》中“君”底意义，已为大众共知，不须再加解释，开端便先论古代之君。又如《荀子》底《性恶》篇，“性”字，各说纷纭，不必列举，所以一开端便直述自己底见解道：“人之性恶，其善者伪也。”更有一种事物，初看来似乎是很普通的，但作者却另有特殊的见解，那么开端便应加以说明了。如蔡元培《我的新生活观》：“什么叫旧生活？是枯燥的，是退化的。什么叫新生活？是丰富的，进步的。”又如胡适底《不朽论》，先提出别人底几种解释，再加以自己底见解。另有一种虽是普通事物，而说明却不甚容易，便提出相似的事物而加以比较。如《大同云冈石窟佛像记》，先与洛阳的石像来比较并论；蔡元培底《图画》以图画与建筑雕刻作一比较：“建筑雕刻，体面互见之美术也；其有舍体而取面，而于面之中，仍含有体之感觉者为图画。”如此才能解释其所要论说的事物。

描写文的开端，大抵是先提出所要写的事物，和记叙文差不多。或者也可以先写一个大概的轮廓，如茅盾底《浴池速写》：

沿池子的水面，伸出五个人头。

再挨次描写这五个人洗澡时的姿态。

以上几种，不过举其大多数的开端而言，当然也有例外。如记事之文，便可有追叙、补叙、倒叙的写法，也可先写四周的风景。议论文也可将主题放在中间或结尾的。我们不妨依情景而变化。普通文艺性文字，往往喜欢有一个活的开端。托尔斯泰学普式庚，也是注意于开端的动作。现代写散文小说的人，也往往先写一段风景或室内的陈设，因为这两者很不容易使全文的印象凝聚起来的缘故。总之，开端须求其自然和谐而与全文有密切的关系。如龚自珍底《记王隐君》：

> 于外王父段先生废簏中见一诗，不能忘。于西湖僧经[①]箱中见书《心经》，蠹且半，如遇簏中诗也，益不能忘。

不但引出了下文的书法和[②]访王隐君的事，而且似乎不费力气地写出来，有轻松的趣味。又如鲁迅的《秋夜》底开端：

> 在我的后园，可以看见墙外有两株树，一株是枣树，还有一株也是枣树。

① 经　底本作“轻”，据《龚自珍全集》（P.175）改。
② 和　底本作“相”，据文意改。

也是一个不平凡的开端，似乎突兀而又富于风趣的。又如江淹底《恨赋》，它底开端先描画出一个“恨”字来：

试望平原，蔓[①]草萦骨，拱木敛魂。人生到此，天道宁论。于是仆本恨人，心惊不已，直念古者，伏恨而死。

也是一个较好的开端。

结尾固然也有是全篇的重心，如《过秦论》底“仁义不施，攻守之势异也”，可是通常也有许多变化。我们作文，以为话说完了，文章也跟着完了。如果我们作文不考虑于结尾的安排，整篇的文章便成“虎头蛇尾”了。“文随意尽”，往往使读者没有回味的余地。所以结尾求其有余韵，要在文章未完的地方，先考虑到如何结尾，留一些意思让别人去思索。

再就文章的性质来讨论结尾的方法吧。记叙文普通将事物叙述完毕之后，便可终结，而要照顾到全篇。如《核舟记》的结尾：“计其长，曾不盈寸，盖简桃核修狭者为之。”《核工记》末了，也将上文所说的东西，来统计一下，这是最常见的结尾方法。但是从前人在寓言及记物事之后，一定要加上一段议论。其实这是不必要的，不如放上些感情上的渲染，可以使结尾隽永些。《项脊轩

① 蔓　底本作“梦”，据《文选》(P.744)改。

记》“庭中有枇杷树，吾妻死之年所手植也，今已亭亭如盖矣”，便有“树犹如此，人何以堪”的感情搀入其中，令人往复徘徊。又如苏梅《秃的梧桐》的末了，“但是我知道明年还有春天要来。明年仍有蚂蚁和风呢！但是我知道有落在土里的桐子”，也隐约地说出了“努力便能永生”的意念了。

记叙文记到某一相当的地方，戛然而止，也能耐人寻味的，似乎还希望他再说下去。如《游定惠院》的结尾，他怕与一般“濡笔记之”“援笔为记”一类的平凡结尾雷同，因此另起一端绪，像是附记一样，“时参寥独不饮，以枣汤代之”，也矫健有趣。又如《说居庸关》的末尾“降自八达岭，地遂平，又五里，曰岔道”，下面再也不说了。犹之说笑话，说到可笑之处，便是终止适当的地方。又有一种结尾是将上文的一句重复一下的，如林嗣环底《口技》:

撤屏视之，一桌、一椅、一扇、一抚尺而已。

一方面回顾上文，一方面又可将全篇重要的地方，再申述一下。

论说文的结尾，有的是写出全篇的重心，如柳宗元底《封建论》“吾固曰非圣人之意也，势也”。也有的也搀入了作者的感慨，如《六国论》末了“苟以天下之大，而从六国破亡之故事，是又在六国下矣”，便暗暗地慨叹宋代底局面。

文艺写作，也不随便忽略它底结尾的，普通以故事的焦点作终结的地方，这是比较合于艺术原则的。《红楼梦》写到大家庭的衰落便告终结,《傀儡之家》写到娜拉的出走便闭了幕,《西厢记》终于《惊梦》……都是留些余味给读者咀嚼的。如果说完了，又有什么趣味呢？中国底诗词也是如此，有的简直整首的诗词，为了这余味而设的。如“旧时王谢堂前燕，飞入寻常百姓家”,“王谢堂前双燕，飞向谁家？”第一例不必你去追问以后的情形，第二例也并不等别人底回答，今昔之感，已缭绕于读者底心头了。《记王隐君》底结尾也很轻松：

> 桥外大小两树依倚立，一杏，一乌桕。

很能使人想象到那隐者的生活情形来。这是一个善变化而巧妙的结尾。

所以结尾忌在说完，戛然而止与加入感情这两种方法，是补救说完的弊病的。我们说话也何尝不如此？有风趣的人，总在话后留些余地让别人去想想，只有那些笨伯才一泻无余地将满肚子底话倒出来。在记叙文或寓言后面加上一段议论，便犯了这种毛病。别人读了上文的记述或寓言，当然会知道文章的重心或要旨的——除非你底文章根本就不明白——因此便可不必再说。例如《列子》中“愚公移山”，把故事说完了，也就终止了，让别人自己去理会，这才是妥当的方法。

开端与结尾，都是文人们所苦心经营的事。他们就题材来研究，如何可以从适当的地方[①]展开，从适当的地方终止；又如何可以不同凡俗，不为人讨厌。它们正和全篇的结构同样地为作者所操心，并不是几个叹词俗调便可以解决的。陈绎曾在《文说》中称文章的结构有“本事”和“断决”，这两者即是开端与结尾。足见古人对于这两项也并不轻视的。《文心雕龙》中所说的“首尾圆合”，也是指开端结尾和本文要有连系的。曾国藩所称“首尾衡决”是指不好的开端和结尾而说的。

上面所述的，只不过是一个原则，其中也有变化。作者最要紧的是随机应变，不可拘拘于模拟那一种形式。章学诚所称“削足适履”，便指专事形式不顾内容的病。“第一个以花比美人的是天才，第二个以花比美人的便是白痴”，也是这意思。不过我们能仔细地研究各种开端结尾的方法，也可以领悟在某种情景，应该如何开端如何结尾。即以末了搀入感情一端而论，也宜隐不宜显；宜婉曲，不宜直说；宜就事物立论，不宜丢了事物来作无病呻吟。末尾用几个“呜呼”一类的词和《项脊轩记》底结尾似乎相似的，然而其效果却是相反；“文随意尽”的结尾和《说居庸关》底也似乎差不多，可是结果也大不相同。又如鲁迅的《秋夜》开端，却

① 地方 底本作“方法”，据文意改。

似《记王隐君》底结尾，而又有变化。如果我也照样来一个“一株是什么，还有一株也是什么”，也是毫无趣味的事。知道了这种变化，我们便可以了解如何来创制一个好的开端与结尾了。

第十六章 ○

动作底描写和感情底抒发

作文中重要的技巧，是动作的描写、感情的抒发和议论的逻辑。逻辑已是一种专门的学问了，我们不再去论它。因为文章里面所应用的只是一些最普通的论理原则，而文章优劣，又和论理没有多大的关系。这里单就动作和感情两项加以讨论。

先说动作。我们记述人事，或者人物，或者记游，以及写物，动作是必要的事项。所以写动作必须具体而深刻，同时要适合于所动作的人物的个性，否则便失了功效。

动作的功用是帮助人们底说话，也有以动作来代替语言的。苏轼《怪石供》中所谓“海外有形语之国，口不能言，而相喻[①]以形，其以形语也，捷于口”。哑子也是以手作势。又如旗语也是全用动作的。《论语》:

---

① 喻　底本作“容”，据《苏轼文集》（P.1986）改。

或问禘之说。子曰:“不知也。知其说者之于天下也,其如示诸斯乎?”指其掌。

话里的“斯”字乃是指掌而言的。如果没有“指其掌”的话,便不明白。这便是动作的功用了。又如《左忠毅公逸事》中:

公辨其声而目不可开,乃奋臂以指拨眦。

下一句也是写动作的,足见左光斗这时候的受刑罚而“面额焦烂”。有了这动作,描写便更加具体了。

动作可以分作两种:一种是静物底动作,另一种是纯粹的动作。其中又可以分作连续动作和不连续动作两类。

静物底动作,是借作形容之用的,如树底摇摆、太阳月亮底上升下降、云霞底变幻等等。在静物中加以动的描写,景物便有生气了。如程敏政[①]底《夜渡两关记》中的:

适有大星,光煜煜自东西流。

明明是静物,这样一写,便觉得是动作了。又如柳宗元《永州

① 政 底本作“树”,以下引文出自程敏政《夜渡两关记》,据《篁墩文集》(P.234)改。

八记》:

> 每风自四山而下，振动大木，掩苒[①]众草，纷红骇绿，蓊葧香气，冲涛旋濑，退贮谿谷，摇扬葳蕤。

又如鲍照《登大雷岸与妹书》:

> 其中腾波触天，高浪灌日，吞吐百川，写泄万壑。轻烟不流，华鼎振涾[②]。弱草朱靡，洪涟陇蹙。散涣长惊，电透箭疾。穹溘崩聚，坻飞岭覆。回沫冠山，奔涛空谷。砧石为之摧碎，碕岸为之齑[③]落。

也是写静物之动作的。这一类描写，往往将形容人类的性状词加于物上，如“雹碎春红，霜凋夏绿”。“影来池里，花落衫中”，比“池中有影，衫上有花”要生动得多。

纯粹的动作，指原来动作而言。动作之中又有连续与不连续之分。如前例“以指拨眦”是不连续的。上述的几个例子也属于不连续的动作。这一类大抵用以点缀文中的几个场面，使它更具

① 苒　底本作“蔽”，据《柳宗元集》(P.769)改。
② 涾　底本作“滔”，据《鲍参军集注》(P.84)改。
③ 齑　底本漫漶，据《鲍参军集注》(P.84)补。

体化，更活泼些。而真正的描写动作，还是用连续动作为多。

动作的连续与否，并不在句语的多寡，也不必一定接续在一起。就是说，连合几个不连续的动作，也可以成为连续动作的。例如辛弃疾底《祝英台近》：

> 试把花卜归期，才簪又重数。

下一语便是表示其连续了。又如连合几件不连续动作在一起，而时间上也不密切，可以上下倒置的，这又有些类似静物之动。但我们也可以称为连续的，因为这动作仍向同一目标进行。《先妣事略》：

> 孺人之吴家桥则治木棉，入城则缉纑……冬月炉火炭屑使婢子为团，累累曝阶下……手中纫缀不辍……

其目的是说主人底节俭，虽是片段的，但是却有连带的关系。又如陶潜底《桃花源记》：

> 见渔人，乃大惊，问所从来，具答之……村中闻有此人，咸来问讯……余人各复延至其家，皆出酒食……既出……便扶向路，处处志之。

虽不密切，但却有时间上的程序的，其连续性也更明显了。

写连续动作的手法，归纳起来，大抵不外乎几种：一是点出时间的匆促的，如《祝英台近》中的“才”“又”等字。又如李陵答苏武诗：“仰视浮云驰，奄忽互相逾。”又如《庄辛说楚王》：

倏忽之间，坠于公子之手。

第二种是用短句来提示动作的密切的，如幻戏的连续，利用眼膜留象，使人有连续的感觉。如《史记》中的：

桓公与夫人蔡姬戏船中。蔡姬习水，荡公。公惧，止之。不止。出船，怒，归蔡姬，弗绝。蔡人亦怒，嫁其女。

但是也有不用短句，而用复杂单句，它底效力，也和上例相同。《左传》上有一段兼用短句和复杂单句的例子：

齐侯游姑棼，遂田于贝丘，见大豕。从者曰：“公子彭生[①]也。”公怒曰：“彭生敢见！”射之。豕人立而啼。公惧，坠于车，伤足，丧屦。反，诛屦于徒人费。弗得，鞭之见血。

① 生 底本作“子”，据《春秋左传集解》（P.144）改。

> 走出，遇贼于门，劫而束之。费曰："我奚御哉！"袒而示之背，信之。费请先入，伏公而出斗，死于门中。

其中用"而"字的句子，便是复杂的单句，也是和短句有同样的功效，使句语变化，正不妨交互应用。

第三种方法是上下句多重复的字眼，同时也利用短句来使节拍加紧的。如《史记》中"荆轲刺秦王"一段：

> 轲既取图奏之，秦王发图，图穷而匕首现。因左手把秦王之袖，而右手持匕首揕之。未至身，秦王惊，自引而起，袖绝。拔剑，剑长，操①其室。时惶急，剑坚，故不可立拔。荆轲逐秦王，秦王环柱而走……秦王方环柱走，卒惶急，不知所为。左右乃曰："王负剑！"负剑，遂拔，以击荆轲，断其左股。荆轲废，乃引其匕首以掷秦王，不中，中铜柱。

其中"图""匕首""剑""秦王""中"等字都是重复的。这也是可以引起人们连系作用，它底效力也不在利用短句之下。

再说感情的抒发。梁启超将感情的抒发式分作三种：一是"奔迸的表情法"；二是"回荡的表情法"；三是"蕴藉的表情法"。他说：

---

① 操　底本作"探"，据《史记》（P.2535）改。

向来写情感的，多半是以含蓄蕴藉为原则，像那弹琴的弦外之音，像吃橄榄的那点回味儿，是我们中国文学家所最乐道。但是有一类的情感是要忽然奔迸，一泻无余的，我们可以给这类文学起一个名，叫做奔迸的表情法。

他底意思，这一类都是用极简单的句语，将真的情感尽量表达出来的。例如乐府歌中的《陇头歌[①]》："陇头流水，流落四下，念吾一身，飘然旷野"，"陇头流水，鸣声呜咽，遥望秦川，肝肠断绝"。又如苏轼词："明月几时有，把酒问青天，不知天上宫阙，今夕是何年？我欲乘风归去，又恐琼楼玉宇，高处不胜寒。"也是这一类的例。梁氏又说：

回荡的表情法是一种极浓厚的情感，蟠结在胸中，像春蚕抽丝一般，把他抽出来。这种表情法，看他专从热烈方面尽量发挥，和前一类相同。所异者，前一类是直线式的表现，这一类是曲线式或多角式的表现。

他说这一类的表情法，常用"语无伦次"的样子，来表达情意的。如《诗经》上的《鸱鸮》《小弁》《黍离》等等。又如乐府诗中的

① 歌 底本作"舞"，据《乐府诗集》（P.371）改。

“悲歌可以当泣，远望可以当归，思念故乡，郁郁累累。欲归家无人，欲渡河无船。心思不能言，肠中车轮转”。又如宋徽宗《宴山亭》的下半阕：

> 凭寄离恨重重，这双燕何曾会人言语。天遥地远，万水千山，知他故宫何处？怎不思量，除梦里有时曾去。无据，和梦也新来不做。

辛弃疾底词也大都属于这一类的。梁氏又说：

> 含蓄蕴藉的表情法，向来批评家认为文学正宗……这种表情法，和前两种不同。前两种是热的，这种是温的；前两种是有光芒的火焰，这种是拿灰盖着的炉炭。

其实这一类是以“长言永叹”的方式来发抒情感的。王渔洋的“不着一字，尽得风流”也有些相近，中国文字中这种例子最多，这一派的说法，也是最有权威的说法，留俟下面再举例了。

清人分文章有阳刚、阴柔等说法，古人评诗词也有豪放、婉约的分别。其实梁氏的三种分析，总括起来，就是豪放和婉约两种。婉约一派，在词中奉为当行本色的，文章中也有人说它是属于阴柔一类，即上文“长言永叹”所发抒的感情。例如，“树犹如此，人何以堪”，往往意在言外，用曲的方式来表达。再如柳永的《八声甘州》：

> 对潇潇暮雨洒江天，一番洗清秋。渐霜风凄紧，关河冷落，残照当楼。是处红衰绿减，苒苒物华休。惟有长江水，无语东流。　　不忍登[①]高临远，望故乡渺邈[②]，归思难收。叹[③]年来踪迹，何事苦淹留？想佳人妆楼颙[④]望，误几回，天际识归舟？争知我倚栏干处，正恁凝愁！

这一类的表达法，完全是无可奈何的，消极的，其中并不提出积极的办法来，其中加入几个使人感染到抑郁的场面。如：

> 秋风多，雨相和，帘外芭蕉三两窠[⑤]，夜长人奈何！

如果有了积极的办法，便易破坏婉约的感染性。再如辛弃疾的《祝英台近》：

---

① 登　底本脱，据《全宋词》（P.54）补。
② 渺邈　底本作“飘渺”，据《全宋词》（P.54）改。
③ 叹　底本作“频”，据《全宋词》（P.54）改。
④ 颙　底本作“长”，据《全宋词》（P.54）改。
⑤ 窠　底本作“棵”，据《全唐诗》（P.10043）改。

> 宝钗分，桃叶渡，烟雨暗南浦。怕上层楼，十日九风雨。断肠点点飞红，却无人管，凭谁唤流莺声住？① 鬓边觑。试把花卜归期，才簪又重数。罗帐灯昏，哽咽梦中语。是他春带愁来，春归何处，却不解带将愁去！

豪放的表达法，和前者不同，大抵是向前的，有办法的，积极的。如岳飞的《满江红》：

> 怒发冲冠，凭栏处，潇潇雨歇。抬望眼，仰天长啸，壮怀激烈。三十功名尘与土，八千里路云和月。莫等闲，白了少年头，空悲切。 靖康耻，犹未雪，臣子恨，何时灭？驾长车，踏破② 贺兰山缺。壮志饥餐胡虏肉，笑谈渴饮匈奴血。待从头，收拾旧山河，朝天阙。

又如朱彝尊的《解佩令》“落拓江湖，且吩咐，歌筵红粉。料封侯，白头无分”，也是以饮酒来作这愁思的解答的。

综观上面两项感情的抒发，最多见的是时间上的比较和空间上的比较而生出感情来的。如元稹底《行宫》：

---

① 辛弃疾《祝英台近·晚春》此句原作：“断肠片片飞红，都无人管，倩谁唤、流莺声住。”据《全宋词》（P.2430）注。

② 底本“破”后衍“了”，据《全宋词》（P.1615）删。

寥落古[1]行宫，宫花寂寞红，白头宫女在，闲坐说玄宗。

虽然不是直接叙述作者的感情，但言外已有时间的对比。再如李后主底“雕栏玉砌应犹在，只是朱颜改”，也是有空间和时间交织的感慨了。普通因时间而发感情，往往点出时间的居多。如李清照的《金石录后序》：

今日忽开此书，如见故人，因忆侯在东莱静治[2]堂装卷初就，芸签缥带，束十卷作一帙，每日晚吏散，辄校勘二卷，跋题一卷……今手泽如新，而墓木已拱，悲夫！

由空间而发生的感情，多是由宇宙和个人作对比而生的。如苏轼底“寄蜉蝣于天地，渺沧海之一粟，哀吾生之须臾，羡长江之无穷”。

感情的抒发，是由内而不是由外的，内有所动，方可发之于外。如果本无所感，则变成了“无病呻吟”。

“无病呻吟”也是胡适底“八不”之一。所以写感情当求其真挚，表达须求其有力。有了真挚的感情，而不能作有力的表达，便不易引起别人底共鸣。古今有许多写感情的文章，抒发方式之

---

① 古 底本作“故”，据《全唐诗》（P.4552）改。
② 治 底本作“沿”，据《李清照集笺注》（P.338）改。

原则虽差不多，而其中也须有变化，并非依样葫芦。袁枚以为乡女村夫偶然有所发抒即是绝妙的文章。王渔洋也着重在性灵。袁宗[①]道《论文》中说：

> 爇香者，沉则沉烟，檀则檀气，何也？……奏乐者，钟不藉鼓响，鼓不假钟音，何也？其器殊也。文章亦然……故大笑必绝倒，大哀必号痛，大怒者必叫吼动地，发上指冠。惟戏场中人，心中本无可喜事，而欲强笑；亦无可哀事，而欲强哭；其势不得不借假模拟耳。

这是作文上的大忌。因为不真挚的情感，便不易描写逼真，徒事抄袭模拟，反而有害于文章的。

至于同一感情，因作者不同，也各有不同的表达方式。白居易："醉貌如霜叶，虽红不是春。"苏轼诗："儿童误喜朱颜在，一笑那知是醉红？"[②]陆游诗："西风吹散朝来酒，依旧衰颜似叶黄。"元人诗："貌似叶红都被酒，头如雪白也簪花。"又如温庭筠词"梧桐树，三更雨，不道离情正苦，一叶叶，一声声，空阶滴到明"，李义山诗"留得残荷听雨声"，陈与义底"莫遣西风吹叶尽，

---

① 宗　底本作"宏"，以下引文出自袁宗道《论文》，据《白苏斋类集》（P.285）改。

② 苏轼《纵笔三首·其一》此句原作："小儿误喜朱颜在，一笑那知是酒红。"据《苏轼诗集》（P.2327—2328）注。

欲愁无处着秋声”，则有相反的感情了。又如杜甫底《贫交行》：

翻手作云覆手雨，纷纷轻薄何须数？君不见管鲍贫贱交[①]，此道今人弃如土。

是写友情的反复的。而韩愈底《柳子厚墓志铭》也有同样的感慨，而说法却不一样：

今夫平居里巷相慕悦，酒食游戏相征逐，诩诩强笑语以相取下，握手出肺肝相示，指天日涕泣，誓死不相背负，真若可信。一旦临小利害，仅如毛发比，反眼若不相识，落陷阱不一引手救，反挤之又下石焉者，皆是也。

而白居易的《太行路》中又是一种另外的表达法：

太行之路能摧车，若比君心是坦途；巫峡之水能覆舟，若比君心是安流。君心好恶苦不常，好生羽毛恶生疮。与君结发未五载，岂期牛女为参商[②]。古称色衰相弃背，当时美人

① 杜甫《贫交行》此句原作：“君不见管鲍贫时交。”据《杜诗镜铨》（P.46）注。
② 岂期牛女为参商　底本作“空期牛女如参商”，据《白居易集》（P.64）改。

> 犹怨悔。何况如今鸾[1]镜中，妾[2]颜未改君心改。为君薰衣裳，君闻兰麝不馨[3]香；为君盛容饰，君看珠翠无颜色。行路难，难重陈。人生莫作妇人身，百年苦乐由他人。行路难，难于山，险于水。不独人间夫与妻，近代君臣亦如此。君不见，左纳言，右纳史，朝承恩，暮赐死。行路难，不在山，不在水，只在人情反复间。[4]

可见一种感情有很多的表达方式的，在乎各人的学力、性情、环境而转移，也不能说那一种是最好的方法。至于婉约、豪放更是没有优劣可分了。如果能直写胸臆，至少不失为真挚之作，又何必"拾人牙慧"去无病呻吟，抄别人的文章呢。

写动作也是如此，只求切合情境，能使文章更具体化，便是好的。如果要是层层仿造，反而有碍于文章的真实性。

---

① 鸾　底本作"鸳"，据《白居易集》（P.64）改。

② 妾　底本作"妻"，据《白居易集》（P.64）改。

③ 不馨　底本脱，据《白居易集》（P.64）补。

④ 白居易《行路难》此句原作："行路难，不在水，不在山，只在人情反复间。"据《白居易集》（P.64）注。

第十七章 ○

题目底研究

《说文》云:“题，额也。”“额”“目”是人首上重要的地方，是总纲的意思。“纲领”“题目”有同样的解释。因此，我们知道所谓“题目”是全篇之中最简单的一句纲要。

杨万里诗:“后园初夏无题目，小树微芳也得诗。”李义山有许多诗，它们底题目是“无题”。那么可见作文也不必一定要题目的。再取古籍的目录来看,《诗经》上的《关雎》,“关关”是雎叫的音声,“雎”是鸟类的一种，如何可以连成题目呢？原来这篇的第一句是“关关雎鸠”，便割裂原文而成题目了。其他诸篇也是如此。例如：

《葛覃》——“葛之覃兮”；

《卷耳》——“采采卷耳”；

《兔罝》——“肃肃兔罝”。

也有不用第一句中的字面的。如《汉广》“南有乔木，不可休息；汉有游女，不可求思；汉之广矣，不可泳思”，在第五句。

再看《论语》的目录，如《学而》这题目，根本有些不通。但所以有这题目，也因为原文首句是“学而时习之”一句话。其他如《尧曰》《宪问》《先进》《子罕》《述而》《雍也》《里仁》等，就内容看来都是不很妥当的，如“述而”“雍也”根本不成为一词或一句的。

再看《孟子》七篇，除《尽心》一篇外，都是人名。但是《梁惠王》章下面，并非完全记述梁惠王和孟子的事情的，其他都是如此。而《离娄》又是古代人名，不与孟子同时的。就体例上说也有些不完备。可是这些题目，也和《论语》《诗经》一样割裂本文首句而成的，当然不能批评他不妥当。

再看《老子》，里面没有题目，只是章名，以数目来标明的。足见古书本无题目，题目是后人增加上去的，所以也有的将题目写在文后，有如元杂剧的所谓“题目”。

桓谭《新论》载司马迁作《史记》成，东方朔题名曰“太史公”。《汉书·艺文志》也写着《太史公书》。足见古人作文，先有文章，然后再有题目。所谓《庄子》《老子》《韩非子》《荀子》《墨子》等等，皆是后人以人名而转作书名的。因此，我们知道文章不一定需要题目，同时也是先有文章而后有题目的。

现在习作，往往先有题目，后有文章，这也并非是不合理的勾当。因为练习写作，作者未必一定有作文的需要，因此倩人或自己先下一范围，使习作时不致超逸这圈子，或者散漫而无连系。但是流弊所及，使作文的人失却自己创作底能力，在作文之前，一定需要一个题目。固然我们作文，不能提笔就写，也先得考虑一个范围的。

就题目的表面加以探讨，有的以一个词语来组成的，如“梦”“三戒”“吉祥寺的钟声”“风骨”等等；也有以一句组成的，如“解嘲”“论文”“愚公移山”等等；也有以一篇短序作题目的，如蒋春霖《角招》一词序云：

> 壬子正月，游慈慧寺。舟穿梅花林，曲折数里而至。石峰峭碧，沙水明洁，佛楼藏松阴中，清凉悦人。十年后，与郭尧卿复过其地，则夕烽不远，寺门阒然闭，梅树半摧为薪，存者亦憔悴，如不欲花。尧卿谓白石正《角招》谱后，罕有和者，曷倚新声，纪今日事？余既命笔砚，尧卿击节而歌，盖凄[①]然不可卒听也。

《角招》是词调名，这一篇序，才是真正的题目。词初行时，题名即作调名，其后依调填词，调名与题目便分而为二。往往有许多

① 凄　底本作“安”，据《水云楼诗词笺注》（P.76）改。

是但书调名，不录题目的。这又是题目上的一种变化。

也有似题目而实在失却题目的效用的，如李商隐的“无题”，陆机的“杂诗”，杜工部的“有感”以及郑文宝底“绝句”。此外，题目又可以别作两类：一类是标明体裁的，如贾谊底《过秦论》，戴名世底《盲者说》等，属论说；柳宗元底《种树郭橐驼传》，侯方域底《马伶传》等，属传状；袁枚底《游黄山记》，徐霞客底《徐霞客游记》等，属游记；其他墓志、行状、铭、赞、颂也是如此，均在字面上标明的。另一类是不标明体裁的，近代文艺作品，大抵属于此类，如“匆匆”“新生”“日出”等等，均依内容的主题来分别，这不能不说是一种进步。从前人对于文章的题目，大抵依体裁来分，其有例外者，往往先在文中解释这题目底意义，这表示命题的郑重。例如“文心雕龙”这四字，作者刘勰在《叙志》篇里解释道：

> 夫文心者，言为文之用心①也。昔涓子《琴心》，王孙《巧心》，心哉美矣，故用之焉。古来文章，以雕缛成体，岂取驺奭之群言雕龙也？

又如他有一篇《事类》篇，怕别人不知道这题目，于是开端就加

① 心　底本脱，据《增订文心雕龙校注》（P.606）补。

解释说："事类者，据事以类义，援古以证今者也。"又如《附会》篇开头也解释说："何为附会？谓总文理，统首尾，定与夺，合涯际，弥纶[①]一篇，使杂而不越者也。"又如《养气》一篇，和王充《论衡》上的题目相同，于是他在文中也提了出来："昔王充著述，制《养气》之篇，验己而作，岂虚造哉？"这也是用一番苦心的。现代既不用艰深特异的语句作题目，这种方式当然也不必用了。

古代文人作文的题目，有两种弊病：一种是影戤别人的作品，一种是标明学别人的文章的。如枚乘《七发》，以后有《七哀》《七谏》《七启》等等；屈原、宋玉的《九章》《九歌》《九辩》，后人也来一个《九叹》《九怀》《九思》等等题目。而《文选》中也特立一个"七"类，这岂不是影戤的吗？又如，陆机有《拟明月皎夜光》《拟明月何皎皎》，陶潜也有《拟古》之诗，在题目中已明明写出是摹仿别人的。这两种其实也是等于没有题目。又如拿"乌有""子虚"等等作题目，也是失却题目的效力的。

自从考试制度盛行以后，出题目的花样愈变愈多，也愈弄愈不通了。清代有以一句诗来作诗题的；有用四书上的一句作文题的；更有所谓"截题"，取四书一句底几个字作题目，如"学而""而时"等等；更有所谓"搭题"，将上下两句各取一截，连接起来当作题目，如"习之不亦"等等；更有取四书每节上的一

① 纶　底本作"论"，据《增订文心雕龙校注》（P.516）改。

大圈作题目的，这类文题简直就不通。金圣叹以《西厢》中句子来作一篇八股，也可说无聊之至。

民国初年，还盛行一种似策论式的题目,《秦始皇论》《拿破仑论》，也有《秦始皇拿破仑合论》，于是也可以来一套《说钓》《说剑》。着重题目的表面，由题目再去设想出内容来，不管这文章是不是需要的，大约这也是当时盛行空调子文章的缘故。

所以无论是出题目给别人做，或是自己命题，对于题目本身，须得加以研究。题目的优劣，往往会影响到本文。出题给别人做，得就读者的生活环境中所接触的着想，使他不易隔阂；自己命题，也得斟酌题义和它底领域。如王安石底《游褒禅山记》，与其说它是游记，不如说它是论文。因为全篇之中，讲到游的只占全文四分之一，而大都是议论。贾谊的《过秦论》，本名“过秦”，后人加上了一个“论”字。《战国策》原名“长书”“短书”“短长书”，但都不及“战国策”三字来得明显。总之我们拟题目，应注意下列两[①]点：

（甲）准确——题目既然是全篇的纲要，必须明白地提出全文的要点，否则，与本文便不发生关系。例如袁枚有《子不语》，系截《论语》中的“子不语怪力乱神”。大类歇尾语，使人不明白究竟在说什么。又如韩愈的《原道》一篇，其中并不曾解释“道”

---

① 两　底本作“三”，据文意改。

的涵义，而只是排斥佛家和道家，所以题目并不是全文之重心，应该改作《辟佛老》比较妥当些。王安石的《游褒禅山记》也属此类。近代更有许多小说的题目，只是单顾词面，不管它是否小说底中心，也是不妥当的。例如屠格涅夫（Turgeneeff）底《罗亭》（*Rudin*），在日本译作《浮草》，以象征主人罗亭性格的不可捉摸。也曾有人将这两字直译做中文，但是照中文的意义说起来，他不甚确切，还是仍用主角的名字作书名的好。至如安特列夫（Andreeff）底 *The Red Laugh* 译成《红笑》，也是不大适当的。

（乙）平易——作文章的目的，使人看了容易了解，那么题目也以平易为原则。如果题目艰深了，别人看了不明白，那么还要题目做什么！唐段成式底《酉阳杂俎》中有《天咫》《玉格》《贝编》《诺皋记》等等题目，便使人见了诧异。次之如柳宗元的《蝜蝂传》，读者先得明白“蝜蝂”是什么东西，才能领略他底文章。作者往往以艰深的题目夸耀自己底博学多才，其实却害了全篇文章的感染性了。

我们既以文章内容的重心来作题目，或取其涵义，或记其事实的最高点，或用主名的名字，均是较妥当的办法。但得注意不可太简，简了易使人不明白；也不可太长，如白居易的诗题，失了“题”“目”两字的本义。其他用典、僻语等等当然也在避免之列的。

题目也不妨援用现成的词语，但最要之点，当在切合文义，如能象征文章中所述的风格和其印象，那么才是最佳妙最适当的题目。普通记述文只是将文章中所写的主角或物件作题目的，议论描写也常以所议论描写之物名作题目。如《马伶传》写马伶，《少奶奶底扇子》中重要物件是扇子,《娜拉》的主角是娜拉,《核工记》所写的是核工……但是也有人嫌它太平凡而加以改易的。

我们可以先定一个范围，等到全篇文章完成之后，再考虑它底题目，这样才没有不切合的毛病。至于随笔小品之类，其中没有中心，随笔写成片段的记载或感想，以及片段的游记，这些不妨替它立一个总名目，不必支离破碎地分裂为若干个小节目的。

所以为文章找题目，也并不是一件容易的事。古人因为题目有传状游记等表明，容易下笔，而忽略了题目的重要性。如“赠序”一类，往往是一篇空泛无内容的议论,“赠序”两字，完全就其用途而着眼。现代作文章的题目当然不必如此。

第十八章○

写作底准备

形式上的修饰，固然是文章中的一件要事，但是懂得词语之运用，篇章的结构……而言之无物，单有形骸而没有灵魂，也是没用的。

所以我们要充实文章底内容，要有自己底情感或思想之表现，决不是随便写写便能做到的。固然也有所谓“天才”，他不需要一个范式，一切在动手以前已是“成竹在胸”，一提笔便可洒洒千言，毫无错误。可是一般人却不能如此。我们先要有材料，才能动手为文；“巧妇难为无米之炊”，没有资料，你预备在文章中说些什么呢？

因此写作之前的准备，第一步就是“储材”。材料应该时时准备好，要临时克日去找是要不得的。平时有了积储，一遇到写作，便可源源供给。囤积货物是商人的本领，囤积知识是学者的手段。例如你预备写一个大胖子的举动，你平日如果对于某种胖子的行动姿态并不曾留心过，那么你底描写往往不易逼真。你得在平日早将胖子们的行动姿态作归纳的研究，便可作为文章中的资料。这资料不是抄袭幻想可以得来的。《墨子·非命》上曾论到“三表”的话：

> 故言必有三表。何谓三表？子墨子曰：“有本之者，有原之者，有用之者。于何本之？上本之于古者圣王之事。于何原之？下原察百姓耳目之实。于何用之？废以为政刑，观其中国家百姓人民之利。此所谓言有三表也。”

所谓“原之”“用之”，似近“观察”；所谓“本之”，似近“读书”。《荀子》所谓“无欲，无恶，无始，无终，无近，无远，无博，无浅，无古，无今，兼陈万物而中悬衡焉”；王安石所谓“古人之观于天地、山川、草木、虫鱼、鸟兽，往往有得，以其求思之深，而无不在也”，又说“读经而[①]已，则不足以知经，故自百家诸子之书，至于……诸小说，无所不读，农夫女工无所不问，然后于经为能知其大体而无疑”。这些话，都可以应用于写作上。——这是说写作以前观察要博而广，理解要深而切的话。荀卿又说：“吾尝终日而思矣，不如须臾之所学也。”《论语》开宗明

① 而 底本作“则”，据《王安石文集》（P.1280）改。

义第一句也是“学而时习之”。扬雄《答刘歆书》:“雄为郎之岁，自奏少不得学，而心好沉博绝丽之文，愿不受[①]三岁之奉，且休脱直事之繇，得肆心广意，以自克就。有诏可不夺奉，令尚书赐笔墨钱六万，得观书于石渠。”因此扬雄也成为文章名家。——这是说，读书于文章的帮助也不在观察以下的，两者相辅并重，不能得一废一。

所谓观察，就是随处留心，凡是我们日常所见到听到的，无往而不是好题材，我们平日应该仔细观察研究它们。鲁迅说他写作的经过说，他小说中的人物往往头在北方，眼在南方，完全零碎地并合起来。这就是平日考察的结果。左拉（Zala）平时走入某一特殊生活的环境中去和他们谈话，又在报纸上书籍中记录关系于这生活环境之记载的文字，便成为他写作的资料。柴霍夫（Jckekhov）[②]也是老将小簿子带在身边，将平日所观察得来的写在这小簿子上，以备应用。李商隐《李贺诗集序》中说李贺平日搜集材料的方法道:

恒从小奚奴骑駏驴，背一古破锦囊，遇所得，书投囊中。

足见观察是一件很重要的事。我们描写一件事，用所得的印象直

① 愿不受 底本作“顾又爱”，据《扬雄集校注》(P.264)改。

② 柴霍夫 即俄国作家契诃夫，英文名作“Chekhov”。

写出来，比较得更具体而有味，这便是全靠观察的。如芥川龙子介[①]的《橘子》中的一节：

> 一面白旗懒懒地摇动着暮色，我就想起火车已经出了隧道。这时候，我见萧索的横路的木栅那边并立着三个脸色血红的男孩，他们都好像抵不住这阴天的压抑似地，身材统很低，又穿着和这村外阴惨的风物一样颜色的衣服。他们仰着头看火车通过去，急忙一齐举起手来，又就破嗓子，莫名其妙的，拼命的高喊。这时候，那半身探出窗外的小姑娘，也就伸出她那冻伤了的手，向窗左右乱摆，忽然又有耀眼的染着暖日色的橘子，一总五六个，劈劈拍拍地从空落到看送出火车的小孩们的身上去。

结尾说“橘子从空落去”，完全是以印象来写出动作，不是亲身经历过的人，不易写出这样逼真的动作来。

可是人生是非常短促的，经历也是有限，有许多事实决非亲身所能经历到的，于是除亲身所能经历者外，只能在书籍中去领受。我们应有人类日常生活上所必需知道的常识，如单是和摄影师一样去摄取社会上的一部分，结果也不能使读者看了有趣。此

① 芥川龙子介　即日本小说家芥川龙之介。

外揣摹名作，也可以使我们作文有些规范，这也是读书的好处。

我们怎样读书？是否是“开卷有益”？今天看社会学，明天看经济学，后天又回头看社会学呢？还是用来依样葫芦，用好了便束之高阁？如果这样来读书，非但没好处，而且有害的。我们读书应当有一系统，不单是阅读，处处应与自己的观察心得相参证，研读名著也是用以试验自己想象创造的能力。如果丢了书本师心自用，也不是好办法。魏叔子《宗子发文集序》中说：

> 今天下治古文众矣。好古者株守古人之法，而中一无所有，其弊如“优孟衣冠”。天资卓荦者，师心自用，其弊如野战无纪之师，动而取败。蹈是二者而主以自满假之心，辅以流俗谀言，天资学力所至，适足助其背驰，乃欲卓然并立于古人，呜呼难哉！

虽是单论作古文，而作文时两种常见的弊病，却都被他道着了。我们研究名著，不是用来作摹仿之标本的，我们要从他们的写作手法中领会写作的方法，同时关于其他有关的哲学、社会学等，也当加以研究。

有了题材，我们开始写作了，是否以前所搜集的全是有用？我们应该多搜罗，可以从其中归纳出几点来，不必贪多地全搬入文章去，同时也应加以变化。如果东取一节，西抄一句，那便变成剽窃了。韩愈说："惟陈言之务去。"陆机也说："怵他人之我先。"又说："谢朝华于[1]已披，启夕秀于未振。"《日知录》中也说："《曲礼》之训'毋剿说，毋雷同'，此古人立言之本。"就是说写作贵在变化，不重剽窃。《坚瓠集》中载着一个将李太白诗删去四字，而辞意大变的故事，这很有变化成文的妙趣：

> 一富翁慕好客之名，而不甚设酒食。一日诸词人杂坐，久之，惟具水浸藕两盆而已。诸人举手而尽。一客因诵"客到但知留一醉，盘中惟有水晶盐"之句云："太白此诗，若删去四字，便合今日佳会矣。"一客问宜去何四字？答云："客到但知留，盘中惟有水。"众皆大笑。

虽是笑话，却也含有变化文章的趣味的。

我们开始写作，已在题材中截取了某一适当部分，便须先自设计筹划，如画家在一张白纸上，先考虑了图画中的各个景物的位置，成竹在胸，然后下笔。所谓下笔，并非即是好文章了，我们先得做两步预备的工夫，一是先拟大纲，二是详加修改，然后才能成为水准以上的作品。

写大纲并非不是一件笨拙的事，所谓"宿构"，便是已在脑子

① 于　底本作"之"，据《陆机集校笺》（P.7）改。

里筹划好大纲的文章。左思底《三都赋》做了十年，司马相如作文也是先下一番很长久的考虑时间，左拉也是先设拟好主题，先定了故事大致的轮廓，然后才下笔的。巴尔扎克也是如此，先写一轮廓，交工人去排印，再拿稿样几次修改，所以加上的字数常常数倍于前。托尔斯泰底《战争与和平》，原定的计划是以“十二月党”为题材的小说之前一部分，后来他忽然终止了。附在《战争与和平》后面还有一部分故事，便是他所豫定之伟大小说底大纲。我们写一篇小说或记叙文，第一个问题，便是打算从什么地方写起，故事或补叙？主角是怎样一个人物？应该着眼于他底那一方面？其中对话与动作如何来安排？应带住在什么地方？给那一种人看了最合式？然后来逐步加以考虑，方才动手。又如我们写一篇说明文或议论文，结论应该放在前面或后面，还是用归纳法呢，还是用演绎法？如何去寻找证据？用那一种方式写最适当？——凡此种种，写大纲时便应先筹划好。那么写作时便不致中途而废，同时写述时也不致发生前后矛盾或者不连接的毛病。现代人做文章，大都主张“灵感论”，以为孜孜不倦在研究自己文章底大纲的，便是笨虫，这是极大的错误。

修改自己底文章，是写作时必须经过的步骤。作文不加修改，难免有什么罣误之处，同时自己修改了，也是有进步的。自己底思想和技巧天天在进步，阅读修改从前所做的文章，便是试你自己是否进步的试金石。越卓凡底“偶见昔吟诗，虚心一检视，读未及篇终，惭怖几无地”，可以说是经验之谈了。扬雄老而悔其少作，因为后来进步了，便觉得从前作品的不满意。俗语说“文章是自己的好”，这种观念是不求进步的人才有的。《师友杂志》：“刘器之自言：常作书简，多起稿草，及不作草字，以戒苟且。”所以多起草稿，也是为了修改的缘故。唐子西《文录》中说：

> 吾作诗甚苦，悲吟累日，仅能成篇。初未见可羞处，明日取读，疵病百出，辄复悲吟累日，反复改正，稍稍有加，数日再读，疵病复出。如此数日，方敢示人，然终不能奇也。

大概古人这种情形是很多的。我们虽没时间和他们一样，一而再再而三地修改不已，但至少应该尽力矫正自己文章中不惬意的地方，也得承认修改文章是写作时必要的过程。《续诗品》中有《勇改》一项，它论文章的修改道：

> 千招不来，仓猝忽至。十年矜宠，一朝捐弃。人贵知足，惟学不然。人工不竭，天巧不传。知一重非，进一重境。亦有生金，一铸而定。

修改通常都着眼于文字的外形，尤重于字句。刘勰所谓“句有可削，足见其疏；字不得减，乃知其密。精[①]论要语，极略之体；游心窜句，极繁之体；谓繁与略，随分所好。引而伸之，则两句敷为一章；约以贯之，则一章删成两句。思赡者善敷，才核者善删。善删者字去而意留，善敷者辞殊而意显。字删而意阙，则短乏而非核；辞敷而言[②]重，则芜秽而非赡”。他这论调，很足为修改字句之标准。

也有自己底文章倩人修改的，如此可以互相研讨，古人中不乏此例。《文选》所载曹子建《与杨德祖书》，述曹植与友人改润文章的话：

> 世人之著作，不能无病。仆常好人讥[③]弹其文，有不善者，应时改定。昔丁敬礼常作小文，使仆润饰之，仆自以才不过若人，辞不为也。敬礼谓仆：“卿何所疑难？文之佳恶，吾自得之，后世谁相知定吾文者耶？”吾常叹此达言，以为美谈。昔尼父之文辞，与人通流，至于制作《春秋》，游夏之徒，乃不能措一辞，过此而不病者，吾未之见也。

元刘埙《隐居通议》中说：“曹子建《与杨德祖书》中语，允为名

① 精　底本作“情”，据《增订文心雕龙校注》（P.422）改。
② 言　底本作“意”，据《增订文心雕龙校注》（P.422）改。
③ 讥　底本作“识”，据《文选》（P.1902）改。

言。世之露才扬己、强辩护短者，宜味之！夫文章是非，无有定极，人言果当，何吝更改，正不失为己益也！”言之甚确。

也有人主张“天才写作”，读书可以不求甚解，以为天才的造就在用学问工夫而成功之上。但是单倚天才，没有实学，也不能臻文章的极诣。让我再来拿刘勰底话作结论吧：

> 夫姜桂同地，辛在本性；文章由学，能在天资。才自内发，学以外成，有学饱而才馁，有才富而学贫。学贫者迍邅于事义，才馁者劬劳于辞情，此内外之殊分也。是以属意立文，心与笔谋，才为盟主，学为辅佐。主佐合德，文采必霸，才学褊狭，虽美少功。夫以子云之才，而自[①]奏不学，及观书石室，乃成鸿采，表里相资[②]，古今一也。

---

① 自　底本脱，据《增订文心雕龙校注》(P.469) 补。

② 资　底本作“合”，据《增订文心雕龙校注》(P.469) 改。

第十九章○

文章流变（上）

六朝以后，骈文与散文已成为两个对立文体底名称了。一直到现代，这两派的争论还非常激烈。陈澧在他底《东塾读书记》中论骈散底来源道：

古者记言之体有三：其一闻而记之，所记非一时之言，记之者则一人之笔，汇而成书，非著书也，尤非作文也，《论语》是也；其一传闻而记之，所记非一时之言，记之者则一人之笔，伸说引证而成篇，此著书也，《坊记》《表记》《缁衣》是也；其一亦传闻而记之，记之者一人之笔，所记者一人之言，敷演润色，骈偶用韵而成篇，此作文也，《礼运》《儒行》《哀公问》《仲尼燕居》是也。

这一派说法，将著述与作文分为两件事，以为文章必须骈偶。阮元更有积极的主张，他作《文言说》论列道：

> 孔子于《乾》《坤》之言，自名曰“文”，此千古文章之祖也。为文章者，不务协音以成韵，修词以达远，使人易诵易记，而惟以单行之语，纵横恣肆，动辄千言万字，不知此乃古人直言之论，答难之语，非言之有文者也，非孔子所谓文也。

均以为非骈俪不足以称文，因此形成了骈散两派对立的说法。洪迈《容斋随笔》:“四六骈文，于文章为至浅。”宋叶绍翁底《四朝闻见[1]录》中也说骈文“陋而无用”。梅曾亮《复陈伯游[2]书》中又痛斥骈文道：

> 某少好骈体之文，近始觉班马韩柳之为可贵。盖骈体之文，如俳优登场，非丝竹金鼓佐之，则手足无所措。其周旋揖让，非无可贵，然以之酬接，则非人情也。

也是言之有理的话。骈文之病在于有意求偶，堆砌典实，力求藻

① 闻见　底本作“见闻”，以下引文出自叶绍翁《四朝闻见录》(P.111)，据改。

② 游　底本作“言”，以下引文出自梅曾亮《复陈伯游书》，据《柏枧山房诗文集》(P.20)改。

丽。《西轩客谈》称杨大年作文，用故事，使子侄检讨出处，用片纸录之，文成而后掇拾，因此人称之为“衲被”。谢景思说：“四六全在编类古语，唐李义山有《金钥》，宋景文有一字至十字对，司马文正有《金桴》，王岐[①]公最多。”足见骈文之弊，也是不可讳言的。

平心而论，骈文散文其实不应分成两派。专心注意于文句的格式，不能尽文章之用，一篇之中奇偶不能互相参用，必欲求骈求散，失之太偏。李习之《答朱[②]载言书》中说：

> 溺[③]于时者曰文章必当对，病于时[④]者曰文章不当[⑤]对……此皆情有所偏滞，未识文章之所主[⑥]……古之人能极于工而已，不知其辞对与否也。

这一说可以据为定论的。骈文派之以为凡文必骈者，实在忽略了文章和口语的关系。古代口语与文章不分，所以称“语”称“文”者完全只是口语与笔录的不同。后代言与文分，而文章之中更

---

① 岐　底本作“歧”，据《四明文献集》（P.406）改。

② 朱　底本作“王”，以下引文出自李翱《答朱载言书》，据《李翱文集校注》（P.82）改。

③ 溺　底本作“激”，据《李翱文集校注》（P.83）改。

④ 时　底本作“是”，据《李翱文集校注》（P.83）改。

⑤ 当　底本脱，据《李翱文集校注》（P.83）补。

⑥ 主　底本作“生”，据《李翱文集校注》（P.83）改。

“文”的变成了骈文。文章既是代言的工具，当然应该有连系而不能分离的。所以在现代看来，古文与骈文皆是过去的东西，因为它与语言相去太远了。试将古今骈散分合的情形约略地加以叙述。

汉代以前，骈文和散文并不分立，每一书中，奇偶并用，散文乃是口语的代表。但是为什么又会产生骈句呢？阮元底解释是：

> 古人无笔墨纸砚之便，往往铸金刻石，始传久远。其著之简策者，亦有漆书刀削之劳，非如今人下笔千言，言事甚易也……《左传》曰：“言之无文，行之不远。”此何也？古人以简策传事者少，以口舌传事者多；以目治事者少，以口[①]耳治事者多。故同为一言，转相告语，必有愆误。是以寡其词，协其音，以文其言，使人易于记诵，无能增改，且无方言俗语杂于其间，始能达意，始能行远。

所以往往骈散夹杂于其间，无分彼此，不过以散语居多数。试从古书群经诸子骚赋之中举其近似骈语之句：

> 觏闵既多，受侮不少。（《诗经》）
>
> 谦受益，满招损。（《书经》）

① 口　底本脱，据《研经室集》（P.605）补。

水流湿，火就燥。(《易经》)

飘风不终朝，骤雨不终日。(《老子》)

浮萌趋乎耕农，而游士危于战陈。(《韩非子》)

无邀正正之旗，勿击堂堂之阵。(《孙子》)

经霜[1]雪而无迹，照日光而无景。(《淮南子》)

礼不逾节，义不自进，廉不蔽恶，耻不从枉。(《管子》)

此外，墨子的《非攻》，大似连珠体；荀卿底《赋篇》《成相》，又近汉代之赋。包世臣《文谱》中又论列《尚书》中的奇偶，以为《尚书》虽形式上是散文，实同偶体。此论指太附会。《文心雕龙·丽辞》篇云：

造化赋形，支体必双，神理为用，事不孤立。夫心生文辞，运裁百虑，高下相须，自然成对。唐虞之世，辞未极文，而皋陶赞云："罪疑惟轻，功疑惟重。"益陈谟云："谦受益，满招损。"岂营丽辞，率然相对？《易》之《文》《系》[2]，圣人之妙思也，序《乾》四德，则句句相衔；龙虎类感，则字字相俪；乾坤易简，则宛转相承；日月往来，则隔行悬合。虽字句或殊，而偶意一也。

---

① 霜 底本作"露"，据《淮南鸿烈集解》（P.6）改。

② 《文》《系》 底本作《文言》，据《增订文心雕龙校注》（P.443）改。

阮元《文韵说》亦云：

孔子《文言》“云龙风虎”一节，乃千古宫商翰藻奇偶之祖；“非一朝一夕之故”一节，乃千古嗟叹成文之祖；子夏《诗序》“情文声音”一节，乃千古情性俳偶之祖。

此种议论，甚多甚多，但六经战国之文，不过偶有偶句，不能说是骈文的肇端。骈散文的分合，当推源于汉代。孙梅《四六丛话序》①：

西汉之初，追踪三古，而终军奇木白麟之对，倪宽奉觞上寿之辞，胎息微萌，俪形已具。迨乎东汉，更为整赡。岂识其为四六而造端欤？踵事而增华，自然之势耳。

其实举秦代李斯底《谏逐客书》来看，似已具骈体的雏形了。其中“西取由余于戎，东得百里奚于宛”及“建翠凤之旗，树灵鼍之鼓”等等都是类似骈文的句子。不过秦代国祚短促，所以到了汉代，才有分镳之势。

西汉文中群认为有骈文的意味是终军底奇木对、白麟对，王

① 以下引文实出自孙梅《四六丛话》卷二八《总论》，据《四六丛话》（P.532）注。

褒底《圣主得贤臣颂》等文章。李兆洛《骈体文钞》中选录李斯、班固、扬雄、司马相如、张衡、终军、枚乘、邹阳等人底作品，足见骈文派是以汉代为骈文史之开端的。其后韩愈作古文，力追司马迁之《史记》，而独轻班氏,《进学解》中以司马迁、扬雄并论而不及班固,《答刘正夫书》《答崔立之书》皆列司马迁、扬雄而不及班固。所以汉代史学两大巨著，隐隐代表了骈散两种旗帜。曾国藩底《送周荇农南归序》一文中，更显明地指示出这一点来。他说：

> 自汉以来为文者，莫善于司马迁。迁[①]之文，其积句也奇，而义必相辅，气不孤伸，彼有偶焉者存焉。其他善者，班固则毗于用偶，韩愈则毗于用奇。

他以为司马迁之文是奇偶兼用的。但是汉代虽为骈散分途之初期，而旗帜尚未鲜明。骈文真正能放光彩而独立的时代，当推魏代。

魏氏三祖之文，几全近于骈体。所以如此，刘师培《汉魏六朝文学变迁论》[②]中言之甚详：

---

① 迁 底本脱，据《曾国藩全集》（P.4708）补。

② 《论汉魏之际文学变迁》 底本作《汉魏六朝文学变迁论》，以下引文出自刘师培《论汉魏之际文学变迁》，据《中国中古文学史》（P.11）改。

> 建安文学，革易前型，迁蜕之由，可得而说：两汉之世，户习七经，虽及子家，必缘经术。魏武治国，颇杂刑[①]名，文体因之，渐趋清峻，一也。建武以还，士民秉礼，迨及建安，渐为通脱，脱则侈陈哀乐，通则渐藻玄思，二也。献帝之初，诸方棋峙，乘时之士，颇慕纵横，骋词之风，肇端于此，三也。又汉之灵帝，颇好俳词，下习其风，益尚华靡，虽迄魏初，其风未革，四也。

足见魏代成为骈文的原始时代，不为无因。此时文人及其作风，《典论》及曹植《与杨德祖书》中言之甚详，兹不再及。举魏文帝曹丕《与朝歌令吴质书》以见当时之作风：

> 途路虽局，官守有限，愿言之怀，良不可任。足下所治僻左，书问致简，益用增劳。每思昔日南皮之游，诚不可忘！既妙思六经，逍遥百氏，弹棋间设，终以六博，高谈娱心，哀筝顺耳。驰骋北场，旅食南馆，浮甘瓜于清泉，沉朱李于寒水。白日既匿，继以朗月，同乘并载，以游后园。舆轮徐动，参从无声，清风夜起，悲笳微吟，乐往哀来，怆然伤怀。余顾而言："斯乐难常。"足下之徒，咸以为然。今果

① 刑　底本作"形"，据《中国中古文学史》（P.11）改。

分别，各在一方，元瑜长逝，化为异物，每一念至，何时可言！方今蕤宾纪时，景风扇物，天气和暖，众果具繁，时驾而游，北遵河曲，从者鸣笳以启路，文学托乘以后车，节同时异，物是人非，我劳何如。

《文心雕龙》中说："魏晋浅而绮。"足见魏晋之文已重于句子之调整。上例多四言句，较汉代之文已有明白的差异。陆机《文赋》[1]论晋代之文道："其会意也尚巧，其遣辞也贵妍，暨音声之迭代，若五色之相宣。"到宋代更加变化，以新奇为尚。《文心雕龙》中称宋代"讹而新"。《六朝丽指》中解释这句话的意思道：

《定势》篇释之曰："自近代辞人，率好诡巧，原其为体，讹势而变，厌黩旧式，故穿凿取新。察其讹意，似难而实无他术也，反正而已。故文反正为乏，辞反正为奇。效奇之法，必颠倒文句，上字而抑下，中辞而出外，回互不常，则新色耳。"观此则讹之为用，在取新奇也。

这时候，骈文底气势直压倒散文，魏晋两代只有诸葛亮底《出师表》和陈寿底《三国志》、郦道元底《水经注》等等算是散

① 《文赋》 底本作《论文》，以下引文出自陆机《文赋》，据《陆机集校笺》（P.21）改。

文的名作，而散文的作者已是极少了。梁代裴子野，因当时文风绮靡，力请改革，但却没有什么反响。而齐梁之间，音韵之说盛行，于是骈文便变本加厉，不单齐整字句，又加上了音律的束缚。《六朝丽指》中综论六朝文的作风道：

> 六朝骈文即气之阴柔者也，尝试譬之，人固有英才伟略，杰然具经世志者，文之雄健似之。若高人逸士，萧洒出尘，耿介拔俗，自有孤芳独赏之概，以言文辞，六朝之气体闲逸，则庶几焉。

是的，六朝文，虽然重于骈偶，但较之唐宋底骈文，则多俊逸之气。当时呼骈文为“今体”，即刘勰亦但称“丽辞”，足见此时尚无骈文之目，以为这是文章流变中自然的现象。例如刘潜《谢始兴王赐花纨[①]簟启》：

> 丽兼桃象，周洽昏明。便觉夏室已寒，冬裘可袭。虽九日煎沙，香粉犹弃[②]；三旬沸海，团扇可捐。

① 纨　底本脱，以下引文出自刘潜《谢始兴王赐花纨簟启》，据《全上古三代秦汉三国六朝文》（P.3316b）补。

② 弃　底本作“染”，据《全上古三代秦汉三国六朝文》（P.3316b）改。

将它与曹丕的文字比较起来，可以看出它变化之迹。曹氏之文，尚系自然的四字句，而此文则在四字句中，已有调平仄、求对偶的痕迹了。

自汉代以至六朝，骈散之分，痕迹宛然。当时“文”“笔”之分，即是骈散分途的先河。大约当时以有韵者称作“文”，无韵者称作“笔”。换句话说，“文”指骈体，而“笔”言散体。汉代已有此说。《楼护传》“长安号曰谷子云笔札”，而不称文词。不过这时两者的界限尚未十分明显罢了。其后范晔《狱中与诸甥侄[①]书》中论“文”“笔”之分道：

> 文患其事尽于形，情急于藻，义牵其旨，韵移其意。虽时有能者，大较多不免此累，政可类工巧图缋[②]，竟无得也……手笔差易[③]，文[④]不拘韵故也。

已将“文”“笔”两种很显明地区别了。《文心雕龙》中也谓：“今之恒言，有文有笔；以为有韵者文也，无韵者笔也。”梁元帝《金楼子·立言篇》中言之更详：

---

① 诸甥侄　底本作“甥舅”，据《宋书》（P.1829）改。

② 虽时有能者……工巧图缋　底本作“故可类之巧图缋（中疑有错字或脱落）”，据《宋书》（P.1830）改。

③ 易　底本作“异”，据《宋书》（P.1830）改。

④ 文　底本脱，据《宋书》（P.1830）补。

> 文者须绮縠纷披，宫徵靡曼，唇吻遒会，情灵摇荡。笔退[①]则非谓成篇，进则不云取义，神其巧惠，笔端而已。

清阮福《学海堂[②]策·文笔对》是辑集六朝论文笔的话以为一编。其后刘师培又宗其说，将《文笔对》以类相从，加以整理，根据了它，以作为文必骈的证据。他们底论断是否合理，我们姑且不去论他，但是就此却可以知道这时骈散文已分了家，而开后世对峙的局面。

六朝的骈文已到了极盛的地步，至唐又反而复古，而骈文又积极地变而为"四六"。郭锜仙《十家四六文钞叙》中说：

> 六代波流，渐趋繁缛，遂乃排比为工，陶染为富。至唐初四杰，笔赡丰靡，无复余蕴。扬雄氏已言，今之学者，非但为之华藻，又[③]从而绣其鞶帨，盖世愈降而文亦愈靡矣。昌黎氏起而振之，抗两汉而原本六经，创为古文之名，六代文体，判分为二。

古文的复兴，大家都归功于韩愈，尊之曰"文起八代之

① 退 底本脱，据《金楼子校笺》（P.966）补。
② 学海堂 底本作"海学堂"，据《研经室集》（P.709）改。
③ 又 底本作"而"，据《郭嵩焘全集》（P.299）改。

衰”。但是就事论事，韩愈不过是一个幸运而得名的人，在他以前，还有许多战士，却湮没无闻了。功绩，不是韩愈而是他们的。裴子野底《雕虫论》，反对骈文，是复古运动的先声。北周时又有苏绰作《文质论》，效《尚书》典诰之体。《周书》称此文“虽属辞有师古之美，矫枉非适时之用”，“故莫能常行焉”，但也不失为文章革命上的一支生力军。王船山以为唐代所以能行古文，这两个有开先之功，也是确论。到了隋朝又有李谔，曾有《上文帝论文章轻薄书》，希望将凡做绮靡文章的人，下有司论罪，但是也行不通。当时又有文中子王通作《中说》，所作亦为古文,《唐语林》称他“北面受[①]学者，皆一时伟人，唐初多居佐命之列”。这与唐代古文复兴也很有关系的。

唐初陈子昂作诗，也是不主张学仿时尚，虽是就诗立论，但足为唐代复古运动的开山祖。《唐书》中说“唐兴，文章承徐、庾之风，天下祖尚，子昂始变雅正”，李白诗“国朝盛文章，子昂始高蹈”，均是以他复古而赞美他的话。他自己也说：

> 文章道弊五百年矣，汉魏风骨，晋宋莫传，然而文献有可征者。仆尝暇时观齐梁间诗，彩丽竞繁，而兴寄都绝，每以永叹，思古人常恐逶迤侈靡为耿耿也。

---

① 受　底本脱，据《唐语林校证》（P.1）补。

此后又有萧颖士、李华、梁肃、独孤及、元结等人来继续这工作。《四库书目提要》:

> 考唐自贞观以后，文士皆沿六朝之体，经开元、天宝，诗格大变，而文格犹袭旧规。元结与独孤及始奋滌除，萧颖士、李华左右之。其后韩、柳继起，唐之古文，遂蔚然极盛，斫雕为朴[①]，数子实居首功。

晁公武《郡斋读书志》称韩愈曾受业于独孤及，那么他底所以努力，也是承受前人之功的。《旧唐书·韩愈传》:

> 大历、贞元之间，文字多尚古学，效扬雄、董仲舒之述作，而独孤及、梁肃最称深奥，儒林推重。愈从其徒[②]游，锐[③]意钻仰，欲自振于一代。洎举进士，投文公卿间，故相郑余庆颇为之延誉，由是知名于时。

由此可知韩愈之所以能享盛名，实在是机会造成的。而当时推行复古运动者，也不止他一人，其中最著名的是柳宗元。当时以

① 朴　底本作“璞”，据《四库全书总目》(P.1285)改。
② 徒　底本脱，据《旧唐书》(P.4195)补。
③ 锐　底本作“愈”，据《旧唐书》(P.4195)改。

“韩柳”并称，而后人也有以为韩不及柳的。陈善《扪虱新话[1]》：

> 晏元献公尝谓，韩退之扶导圣教，铲除异端，是其所长。若其祖述坟典，宪章骚雅，上传千古，下笼百氏，横行阔视于缀述之场者，子厚一人而已。

虽然当时散文已复兴了，但是却无古文之目，称当时之散文只曰“平文”（见沈括《梦溪笔谈》），正如齐梁时称骈文为“今文”一样。

“四六”之名，起于唐代，柳宗元《乞巧文》中但云“骈四俪六，锦心绣口”，不过偶然言及，而并非专名。再早《文心雕龙》中也曾有“四字密而不促，六字格而非缓，或变之以三五，盖应变之权节也”的话，也是泛指骈文普通的句式而言的。“四六”之成为文体的专称，当始于李商隐。晁公武《郡斋读书志》：“李商隐俪偶繁缛，旨能动人。”[2] 按，《旧唐书·李商隐传》称有《表状集》四十卷，《新唐书·艺文志》称李商隐有《樊南甲集》二十卷、《乙集》二十卷，《宋史·艺文志》又载他有《四六甲乙集》四十卷。可见所谓《樊南甲乙集》即《四六甲乙集》（现存的《李义山文集》

① 话　底本作“语”，以下引文出自陈善《扪虱新话》（P.304），据改。

② 《郡斋读书志》此句原作：“初，为文瑰迈奇古，及从楚学，俪偶长短，而繁缛过之，旨意能感人。”据《郡斋读书志校证》（P.910）注。

为朱鹤龄所辑，非原本）。李商隐在他底《樊南甲集自序》中道：

> 樊南生十六，能著《才论》《圣论》，以古文出诸公间，后联[①]为郓相国、华太守所怜，居门下时，敕定奏记，始通今体。后又两[②]为秘省房中官，恣展古集，往往咀嚼于任、范、徐、庾之间。有请作文，或时得好对切事，声势物景，哀上浮壮，能感动人。十年京师寒且饿，人或目曰：韩文杜诗，彭阳章檄，樊南穷冻人或知。仲弟圣仆，特善古文，居会昌中进士为第一二[③]，常表以今体规我，而未为能休[④]。大中元年，被奏入岭[⑤]当表记，所为亦多。冬如南郡，舟中忽复括其所藏，火燹墨污，半有坠落，因削笔衡山，洗砚湘江，以类相等[⑥]色，得四百三十三件，作二十卷，唤曰《樊南四六》。——“四六”之名，六博、格五、四数、六甲之取也。

足见“四六”之名，是李商隐定的，他底序文中尚称骈文为“今体”。六朝之文，大抵四字句，至徐陵、庾信而多四字六字句相

① 联　底本脱，据《李商隐文编年校注》（P.1713）补。

② 两　底本作“尚”，据《李商隐文编年校注》（P.1713）改。

③ 居会昌中进士为第一二　底本作“举会昌中进士第一”，据《李商隐文编年校注》（P.1713）改。

④ 休　底本作“体”，据《李商隐文编年校注》（P.1713）改。

⑤ 底本“岭”后衍“时”，据《李商隐文编年校注》（P.1713）删。

⑥ 等　底本脱，据《李商隐文编年校注》（P.1713）补。

间成体。唐代即沿用徐、庾之体，但并不一定是四六字句，至宋乃成为定格，而“四六”乃成定名。所以李兆洛《骈体文钞序》中说：

> 文既歧奇与偶为二，而于偶之中，又歧六朝与唐、宋为三。

大抵唐代骈文，尚重灵活自然，尚多散语，而宋人则格律益精。就骈文之风格而论，六朝最为自然，到了唐代已重形式，宋代则完全生吞活剥。犹之汉魏之文，尚重口语上的变化，唐代之“古文”已有模拟之痕迹，明清两代则完全摇曳生姿，但求形似，一定要规定格律，求似古人，而致优孟衣冠，不裨实用了。陈其年《四六金针》论唐宋骈文之不同道：

> 元陈绎曾言四六之法，其要有四：一曰约事，二曰分章，三曰明意，四曰属辞。务在辞简而意明。此唐人四六之故规，而苏子瞻之所取则也。后世益以文华，喜工致而新奇，于是以用事亲切、属对巧的为精妙，变而为法凡六：曰熟、曰翦、曰截、曰融、曰化、曰串。能者得之，兼古通今。此宋人四六之新规，而王介甫之所取则也。

由此可知唐宋骈文之不同了。唐代德宗时，虽行古文，但政府中的公文，却用骈文。陆贽便是以公文出名的人。到了宋代，骈散文各占据了政府与民间，政府中用的是四六，民间仍行散体。当时司马光，神宗欲擢为翰林学士，以不善四六，辞不肯任。足见此时政府中之大卿必须善为四六，方能胜任愉快。而一般文人，如苏洵、苏轼、王安石、欧阳修诸人，仍兼善两体，而以散文著名。所谓四六者，大抵以剽裂为多：

> 元厚之取古今传记佳话，作四六。“金石为开”，《西京杂记》载扬雄语也。“日华明润”，李德裕《唐武宗画像赞》语也。四六欲取古人妙语以见工耳。

骈文至此，尚有什么价值？《四六法海》王志坚说：“四六与诗相似，皆着不得议论，宋人长于议论，故此二事，皆逊唐人。”孙梅[①]也说：

> 宋初诸公骈体，精敏工切，不失唐人矩矱，至欧公倡为古文，而骈体亦一变，始以排奡古雅，争胜古人，而枵腹空疏者，亦复以优孟之似，借口学步，于是六朝三唐，格调寖

① 孙梅　底本作“孙友梅”，以下引文出自孙梅《四六丛话》(P.675)，据改。

远，不可不辨。

宋代骈文，努力促进它散文化，这运动是起于欧阳修的，但是病在剽窃。北宋擅长四六的，有杨亿、欧阳修、王安石、苏轼等辈；南宋有汪藻、孙觌、洪迈、周必大、杨万里、陆游、真德秀等等。苏轼之文，南宋颇为盛行，当时有“苏文熟，吃羊肉；苏文生，吃羊羹”的谚语。《宋史·文苑传》论宋代文章之变迁道：

> 艺祖革命，首用文吏而夺武臣之权，宋之尚文，端本乎此。太宗、真宗其在藩邸，已有好学之名，及其即位，弥[①]文日增。自时厥后，子孙相承，上之为人君者，无不典学，下之为人臣者，自宰相以至令[②]录，无不擢科，海内文士，彬彬出焉。国初，杨亿、刘筠辈，犹袭唐人声律之体，柳开、穆修志欲变[③]古而力弗逮。庐陵欧阳修出，以古文倡，临川王安石、眉山苏轼、南丰曾巩起而和之，宋文日趋于古矣。

① 弥　底本作“讲”，据《宋史》（P.12997）改。
② 令　底本作“会”，据《宋史》（P.12997）改。
③ 变　底本作“复”，据《宋史》（P.12997）改。

在后代，似乎宋代散文较为人们所注意，但在当时却是四六占着优势。当时四六，用典工切，用于表启者为多。兹举王安石《上杭州范资政启》一首示例：

> 某近游浙壤，久挹高风。当资斧之无容，幸曳裾之有地。粹玉之彩，开眉宇以照人；缛星之文，借谈端而饰物。羁琐方嗟于中路，逢迎下问于翘材。仍以安石之甥，复见牢之之舅。兹惟雅故，少稔燕闲，言旋桑梓之邦，骤感神麻之咏。写吴绫之危思，未尽攀瞻；凭楚乙之孤风，但伤间阔。恢台贯序，虚[①]白调神，祷颂之私，不任下恳。

句法音律，固然整齐调和，但较之魏晋，却失了自然流利之处。其后金、元、明三代，文章不振，金代本无出名文人，国祚亦促；元代之长，在于杂剧；明人则致力于传奇。虽有作者，大抵句拟字摹，不能独出新意，自成一家。至清初而又复兴，四六文、六朝文、汉魏散文，以及唐宋之古文，一齐复活起来。而散文之中又分为数派。但是清代去古日远，语言与文章相去亦甚远，无论骈散，已均成不合时宜的东西。所以清代各种文体之复兴，也不过是回光返照而已。

---

① 虚　底本作“灵”，据《王安石文集》（P.1408）改。

清代骈文大抵上拟六朝，其中著名者如陈其年。汪尧峰称："开宝以来七百年，无此文矣。"毛奇龄以经学家而作骈文，也沉厚可诵。其后又有胡天游，袁枚以为"虽偶实奇，本朝无偶之者"。袁枚、邵齐焘荀慈、吴锡麒[①]、汪中均兼善骈散。汪中之散文，直追汉魏，超然入妙。又有孔广森、孙星衍。徐登宇称阮元底骈文堪为一代之宗，扫唐宋拘迂之病，足见也是一个能特立一帜的人。又有洪亮吉与汪中齐名。此后如刘嗣绾、彭兆荪、王闿运等都是能别出心裁，驾唐宋之上的。他们论骈文，常以散文为规范。如孔广森所说：

> 骈体文以达意明事为主，六朝文无非骈者，但纵横开阖一与散文同也。

又如邵齐焘《致王太岳书》：

> 平生于古人文体，尝慕晋宋以来，词章之美，寻观往制，讯览前轨，皆于绮藻丰缛之中，能极简质清刚之致，此其所以为贵。

---

① 麒　底本作"祺"，据《清史稿》（P.13385）改。

同时清代之所以能骈散均盛者，乃是没有门户之见的缘故。善作骈文的往往也兼长古文，所以人才极多，而变化也较唐宋为大。

清代散文，大抵规模唐宋。桐城方苞远宗唐宋，近法明代之归有光，揭橥“义法”之说。他在《书史记货殖传后》中说：

> 春秋之制，义法自太史公发之，而后之深于文者亦具焉。“义”即《易》之所谓言有物也，“法”即《易》之所谓言有序也。义以为经，而法纬之，然后为成体之文。

又在《书史记十表后》中说：

> 十篇之序，义并严密而词微[①]约，览者或不能遽得其条贯，而义法之精变，必于是乎求之，始的然其有准焉。欧阳氏《五代史[②]志考叙论》遵用其义法，而韩柳书于经子后语，气韵[③]亦近之，皆其渊源之所渐也。

方苞之后，又有桐城人刘大櫆、姚鼐善为古文辞。姚鼐本方

① 微　底本脱，据《方苞集》（P.49）补。
② 史　底本脱，据《方苞集》（P.49）补。
③ 韵　底本脱，据《方苞集》（P.49）补。

氏之说，选《古文辞类纂》。姚鼐论文以为“义理”“考据”“辞章”三者不能缺一，更有“神气”之说：

凡文之体类十三，而所以为文者八，曰神、理、气、味、格、律、声、色。神理气味者，文之精也；格律声色者，文之粗也。然苟舍其粗，则精者亦胡以寓焉？必始而遇其粗，中而遇其精，终则御其精者而遗其粗者。文士之效法古人，莫善于退之，尽变古人之形貌，虽有摹拟，不可得而寻其迹也。其他虽工于学古，而迹不能忘，扬子云、柳子厚于斯盖尤甚焉。以其形貌之过于似古人也，而遽摈之，谓不足与于文章之事，则过矣。然遂谓非学者之一病，则不可也。

方苞、刘大櫆、姚鼐均是安徽桐城人，所以后来有“桐城派”之目。曾国藩底《欧阳生文集序》中说：

乾隆之末，桐城姚姬传善为古文辞，慕效其乡先辈方望溪之所为，而受法于刘大櫆……历城周永年书昌为[1]之语曰：“天下之文章，其在桐城乎？”由是学者多归向桐城，号“桐城派”。

---

① 为 底本作“谓”，据《曾国藩诗文集》（P.285）改。

但是按之实际，这一派的流弊，变为空疏，一无所容，专摹形似。钱大昕评之曰：

> 方所谓古文义法者，特[1]世俗选本之古文，未尝博观而求其法也。法且不知，而义于何有？

姚氏当初尚以“考据”“义理”“辞章”三者为标榜，后者并此三者而失之了。

清代又有钱鲁思受学于刘大櫆，阳湖恽子居、武进张皋文承而有“阳湖派”之称。所以它与桐城派也可以说是同出一源的。但阳湖派却是以骈文入手，文章内容也比“桐城”来得充实。所以阳湖派的后劲李兆洛选《骈体文钞》，以示阳湖文章的规模。所选之文，又重在气势。但是它底势力却不及桐城，清代末年几乎全是桐城派的势力。其后曾国藩折衷两派，又选《经史百家杂钞》，将《古文辞类纂》的内容范围又扩大了许多。他《复陈右铭书》中说：

> 自唐以后，善学韩公者莫如王介甫氏，而近世知言君子，惟桐城方氏、姚氏所得尤多。因就数家之作而考其风旨，私

---

① 特　底本作“恃”，据《潜研堂文集》（P.546）改。

> 立禁约，以为有必不可犯者，而后其法严而道始尊。大抵剽窃前言，句摹字拟，是为戒律之首……龙衮九章，但挈一领，否则首尾衡决，陈义芜杂，滋足戒也。识度曾不异人，或乃僻字涩句，以骇庸众，斫自然之元气，斯又才士之所同蔽，戒律之所必严。明兹数者，持守勿失，然后下笔，造次皆有法度，乃可专精以理吾气。

此外尚有龚自珍、魏默深力追秦汉，不同凡俗，但是他们底天分极高，普通人却不容易学到的。

清代通儒达人，往往不固执骈散之见，以为要骈中有散，散中有骈，方能尽文章之用。这种见解，自然是准确的。朱一新《无邪堂答问》中说：

> 骈文当以气骨为主，其次则词旨渊雅，又当明于向背断续之法。向背之理易显，断续之理则微。语语续而不断，虽悦俗目，终非作家。公牍文字如笺奏书启之类，不得不如此，其体自义山开之，惟其藕断丝连，乃能回肠荡气。骈文体格已卑，故其理与填词相通，潜气内转，上抗下坠，其中音节，多读六朝文则知之。

他们之所以尊六朝而卑唐宋，也是因为唐宋骈文倚仗偶句，刻意求工，反不及六朝文之自然而有散文的气息。同时论骈文之制作又全仗散句为之斡旋。《六朝丽指》云：

> 骈体之中，使无散行，则其气不能疏逸，而叙事亦不清晰。故庾子山碑志文，述及行履，出之以散，每叙一事，多用单行，先将事略说明，然后援引故实，作成骈语，以接其下。推之别种体裁，亦应骈中有散也。倘一篇之内，始终无散行处，是后世书启体，不足与言骈文矣。

刘开《与王子卿太守论骈体[①]书》中也说：

> 夫文辞一术，体虽百变，道本同源。经纬错杂以成文，元黄和合而为采，故骈之与散，并派而争流，殊途而合辙。千枝竞秀，乃独木之劳；九子异形，本一龙之产。故骈中无散，则气壅而难疏；散中无骈，则辞孤而易瘠。两者但可相成，不能偏废。

由上文骈散分合的源流看来，骈体之成为四六，散文之成为桐城，各走极端，完全是后人酝酿而成的。骈句散句是文章中不

① 骈体　底本作“文”，以下引文出自刘开《与王子卿太守论骈体书》，据《刘孟涂集》（P.995）改。

可缺少的两个因子，不能因其一而废其一。因此骈散之分出而文章之用狭了。这正和现代语体文之中间用单句和排句一样，如果一篇文章一定要全用单句或排句，岂不是太笨拙的事？但是后来作者，入主出奴，固执成见：非骈文不做；非古文，非桐城派的古文不读。吴汝纶是桐城的后劲，他以为天下事皆可废，独《古文辞类纂》一书不可不读，他底见解又多么迂拘？

现代应该是使口语与文章一致的时代了。虽然骈文、四六、散文和桐城的古文，到现在仍有人在努力，但将来一定会被摒弃了的。这是时代环境的淘汰。至于骈散的因子，却永远留存在文章里。“文章”与“文艺”不同，散文（prose）与律文（verse）也是不同。但这种分别，是不影响于作文的方法和文章之优劣的。

第二十章 ○

文章流变（下）

现代通行的是语体文，可是报章公文还都通行文言。当民国四五年,《新青年》上登载着许多争辩的文章：有人主张仍用文言文，有人却以为非加改革，用语体文不可。现在语体文已奠定了根基，许多人都将这功劳归之于蔡元培、胡适、钱玄同诸人。胡适又有《白话文学史》的创作。可是只有上册，只谈到唐代，而忽略了宋代以后的演变。同时他只注意到古代平易的文章，以为平易便算是白话。其实语体文之所以成立，全是语文能一致的缘故。

我疑心三代以前是语文一致的。如《尚书》所载完全是佶屈聱牙的文章，而秦汉之文，反较《尚书》为平易。这决不是中国文化的倒退，大抵《尚书》所载，完全是当时的口语，所以变成佶屈聱牙了。司马迁的《五帝本纪》之中，大抵是翻译《尚书》。也许因为纯写当时口语，汉代人不易明白，又或嫌它不文雅，所以改译了。又如《论语》中所用的助词，又与后来文言文所用的方式不同，大约这也是依当时口语来写录的。

秦代书同文，车同轨，在文化上起了一个大变化，这时候文语已开始分化了。这种情形，和骈文的兴起一定有相当关系的。韵文是民歌。每代皆有民歌同谚语，本不是文雅的东西，但是句语的整齐却影响了文体。孔子所谓“言之不文，行之不远”，文，指在口语之中稍加修饰组织的文辞，而普通所录只全是口头语言而已。因此言语文章一分为两，文章再从这方向努力进行，一变而为六朝之文，再变而为四六。散文本是三代的口头语，但一到汉朝，又加以修饰，使之成文。于是口头语与文章既分为二，而文章之中又渐渐分为两种，一共变成三件东西了。所以汉代末年盛行文笔之说，而笔则以实用之文为多。这是散文接近口语的证据。

自秦末以迄唐代，文章老是向骈文一方发展，政府中的公文书牍也是骈文居多。散文只是通俗上用的东西，与口语相去也日远。任昉有一篇《奏弹刘整文》，上半篇述一个人的口供，这似乎是近于口语的文字了。唐代韩、柳的复古，只复到秦汉为止。他们底意思，以为只需要秦汉时代的散文，而并未见到应该和三代一样，将口语和文章统一起来，所以这运动也是不彻底的，所以也只是“复古”而不是革新。白居易、元稹的新乐府，虽则也是老妪都解，但他们平易的程度，也只是在散文范围中的平易，而不及于语言的。

大概在唐代求文雅的风气还很盛[①]行，所以小说只限于文言的传奇，词曲只是文言式的歌谣，文章只是复古式的古文。胡适举的乐府和南北朝民歌也是如此，翻译文字也是如此。——所以文章在唐以前至秦汉为止，始终是文语不一致的，而且还有与语言相去更远的“四六文”。

我们叙述白话文的开端，似乎应该从宋朝说起。宋代白话文的通行，最大的原因，是杂剧、讲史的盛行，和理学的勃兴。

杂剧必须道白，在唐代只具雏形，而在宋代才成立。既有道白，那么，写录时一定得将道白一起写下来，不容翻译成文言。这便是实实在在的口语了。可惜在现代宋杂剧的本子不能找到。所记录的，大抵已是文人翻译过的。所谓讲史，类似今日之说书，说书当然是口语而不是文言。所以明郎瑛的《七修类稿》中说：

> 小说起宋仁宗……故小说得胜头回[②]之后，即云“话说[③]赵宋某年”。

即就现在所存的《宣和遗事》而言，是口头语后来稍加润色的，

---

① 盛　底本脱，据文意补。
② 头回　底本作“回头”，据《七修类稿》(P.229)改。
③ 话说　底本作“说话”，据《七修类稿》(P.229)改。

与唐代的传奇大不相同，如：

宣和六年正月十四日，去大内门直上一条红绵绳上，飞下一个仙鹤儿来，口内衔有一道诏书。一员中使接得展开，奉圣旨，宣万姓。有那快行家手中把着金字牌，喝道："宣万姓！"少刻，京师民[①]有似云[②]浪，尽头上戴[③]着玉梅、雪柳、闹蛾儿，直到鳌山下看灯。

此外说话之本，如《京本通俗小说》，较唐代小说冗长，且更多曲折，起首虽然好引诗词，而内容文字却是语体。此外如《古今小说》《大唐三藏取经诗话》《西游记》（非吴承恩所作者，本收于《永乐大典》中）等等，也可以说是语体的作品。

为什么宋代小说突然会有用语体写的？这一半也是戏剧的发达与说书的盛行，但一半也是承唐末五代的风气，不过在宋代始有明白可考的证据罢了。鲁迅《中国小说史略》中说：

清光绪的时候，敦煌千佛洞的藏经才显露，大抵都运入英、法，中国也有拾其目录藏京师图书馆。书为宋初所藏，

① 民　底本脱，据《宣和遗事校注》（P.159）补。
② 云　底本作"雪"，据《宣和遗事校注》（P.159）改。
③ 戴　底本作"载"，据《宣和遗事校注》（P.159）改。

> 多佛经，而内有俗文体的故事数种，盖唐末五代人钞。如《唐太宗入冥记》《孝子董永传》《秋胡小说》则在伦敦博物馆，《伍员入吴故事》则在中国某氏，惜未能目睹，无以知其与后来小说[①]之关系。

宋代以帝王而喜平话，这也是平话能盛行、能保留到现代的缘故吧。

宋儒理学盛行，而有“语录体”，以为“工文则害道”，所以用平凡的俗语来解释大道的。《唐书·艺文志》已有《神清参元[②]语录》。学者都重口语的实录，因此白话文便通行。但是钱大昕却反对道：

> 释子之语录，始于唐；儒家之语录，始于宋。儒其行而释其言，非所以垂教也。君子之出[③]辞气，必远鄙倍，语录行，而儒家有鄙倍之词矣。

而当时宋儒，也确以“夫子之言，性与天道可得而闻；夫子之文章，不可得而闻”的话[④]解嘲的。其实，用口语作文章，宋儒也

① 小说　底本脱，据《中国小说史略》(P.115)补。
② 元　底本作“禅”，据《新唐书》(P.1530)改。
③ 出　底本脱，据《十驾斋养新录》(P.477)补。
④ 话　底本作“语”，据文意改。

不必解嘲，后人也不必诟骂。宋儒使语体遗留下来，使口语与文章一致，他们底功劳，当在说述儒理以上。兹举陆象山语录作例：

> 凡事莫如此滞滞泥泥，某平生于此有长，都不去着他事，凡事累自家一毫不得。每理会一事时，血脉骨髓都在自家手中。然我此中却似个闲闲散散、全不理会事底人，不陷事中。
>
> 学者须是打叠田地净洁，然后令他奋发植立。若田地不净洁，则奋发植立不得。古人为学即读书，故读书然后为学可见，然田地不净洁，亦读书不得，若读书，是“假寇兵，资盗粮”。

因为上有学者的提倡，下有民间的拥护，因此方才打定了语文一致的基础。其后每一代的文学，差不多纯以语言为根据的。例如元曲杂剧的道白是语体文，如《梧桐雨》第四折高力士的自白：

> 咱家高力士是也。自幼供奉内宫，蒙主上抬举，加为六宫提督太监。往年主上，悦杨氏容貌，令某取入宫中，宠爱无比，封为贵妃，赐号太真。后来逆胡称兵，伪诛杨国忠为名……祸连贵妃。主上无可奈何，只得从之，缢死马嵬驿。今日贼平无事，主上还国，太子做了皇帝，主上养老，退居

西[1]宫，昼夜只是想娘娘。今日教某挂起真容，朝夕哭奠，不免收拾停当，在此伺候咱。

又如南曲之道白，也是纯粹的语体，如《琵琶记·吃糠》中一节：

（旦）公公，休说这话，请自将息！（外）媳妇，婆婆死了，衣衾棺椁件件皆无，如何是好？（旦）公公宽心，待奴家自去措处。（末扮张太公上）“福无双至，祸不单行。”适间听得蔡家老夫妇两个疑惑他媳妇赵五娘背地自己吃了什么东西，及至去看他，却在那里吃糠。两个老的见了，心中痛伤起来，一时都害了病。我不免去探视他一遭。（见旦，呼介）五娘子，你为什么荒荒张张？（旦）大公！奴家的婆婆死了。（末）唉！你婆婆死了，正是“天有不测风云，人有旦夕祸福”。如今你公公在那里？（旦）在床上睡着。（末）待我去看他一看。

都是语体。不过唱词仍是文言罢了。现在通行的章回小说，如《水浒传》《西游记》《三国演义》《红楼梦》《镜花缘》等等也是无往而非语体。清代也有遥续唐代传奇、晋代志怪的文言小说，如《聊斋志异》等等。又在清代末年，林纾以古文翻译西洋小说。

---

① 西　底本作“南”，据《全元戏曲》第一卷（P.507）改。

但是语体文的潮流已一发而不可遏止，即本来的参杂文言的语体文，也在摒弃之列[①]，虽然民国十几年中，也曾通行过蝴蝶鸳鸯的文章。

现代之所以倡行新文艺新的语体，一半也由于先哲的鼓吹。王充就说："论发胸臆，文成手中，非说经艺之人所能为也。"颜之推《家训》引沈约底话也说："文章当从三易：易见事，一也；易识字，二也；易读诵，三也。"而钟嵘更明目张胆地反对用事和声律：

至于吟咏性情，亦何贵于用事？"思君如流水"既是即目，"高台多悲风"亦惟所见；"清晨登陇首"羌无故实，"明月照积雪"讵出经史？观古今胜语，多非补假，皆由直寻。

这是反对用事的话。他又反对声律道：

古曰诗颂[②]，皆被之金竹，故非调五音，无以谐会……今既不被管弦，亦何取于声律也？……余谓文制本须讽诵，不可蹇碍，但令清浊通流，口吻调利，斯足矣。至于平上去入，则余病未能；蜂腰鹤膝，闾里已具。

① 列　底本作"例"，据文意改。
② 颂　底本作"歌"，据《诗品集注》(P.332)改。

大抵每代均有慕古之风，即有反动之语。一向文章正宗，在于求古，于是更有一般先达出而加以评论，但是往往失效，因为要使言语与文章合流，积习已深，反而行之，颇难成功。明代前后七子，句剽字拟，专意学古，甚至专学一人，求其肖似，为模拟最盛之时代，所以公安、竟陵一派，也竭力反对他们底主张。当时文人如袁中郎等，主张以性灵作文，不仿古人，是很可值得注意的话。《白苏斋类集[①]》中说：

> 今之圆领方袍，所以学古人之缀叶蔽皮也；今之五味煎[②]熬，所以学古人之茹毛饮血也。何也？古人之意，期于饱口腹，蔽形体；今人之意，亦期于饱口腹，蔽形体，未尝异也。彼摘古字句入己作者，是无异缀皮叶于衣袂之中，投毛血于殽核之内也。

其后金和、黄遵宪在诗中创我手写我口之风。清末，谭嗣同又力言文章之革命。他说："古而可好，何必为今之人哉？"梁启超也竭[③]力反对桐城古文，他在《清代学术概论》中说：

---

① 集　底本作"稿"，以下引文出自袁宗道《白苏斋类集》（P.284），据改。
② 煎　底本作"蒸"，据《白苏斋类集》（P.284）改。
③ 竭　底本脱，据文意补。

> 启超夙不喜桐城派古文。幼年为文，学晚汉魏晋，颇尚矜[①]炼。至是自解放，务为平易畅达，时杂以俚[②]语韵语及外国语法，纵笔所至，不加检束，学者竞效之，号“新文体”。老辈[③]则痛恨，诋为野狐。然其文条理明晰，笔锋常带情感，对于读者颇有一种魔力焉。

这正是文章革命的先声。其后胡适在《尝试集》中发表他底“历史的文学进化观念”。先标举“八不”道：

> 一曰不用典；
>
> 二曰不用陈套语；
>
> 三曰不讲对仗（自注：文当废骈，诗当废律）；
>
> 四曰不避俗字俗语（自注：不嫌以白话作诗词）；
>
> 五曰须讲求文法之结构：
>
> 此皆形式上之革命也。
>
> 六曰不作无病之呻吟；
>
> 七曰不摹仿古人，语语须有我在；

---

① 矜　底本作“於”，据《饮冰室合集·专集之三十四·清代学术概论》（P.62）改。

② 俚　底本作“偶”，据《饮冰室合集·专集之三十四·清代学术概论》（P.62）改。

③ 辈　底本作“军”，据《饮冰室合集·专集之三十四·清代学术概论》（P.62）改。

八曰须言言有物：

此精神上之革命也。

此后他在《文学改良刍议》中，又修改“八不”为“八不主义”，并且阐明文底意义。此时陈独秀也倡“文学革命”的旗帜。他也说：

推倒雕琢的阿谀的贵族文学，建设平易的抒情的国民文学。推倒陈腐的铺张的古典文学，建设新鲜的立诚的写实文学。推倒迂晦的艰深的山林文学，建设明了的通俗的社会文学。

刘复也作《我之文学改良观》，主张打破崇拜旧时文体的迷信。当时和他们争论的文章也很多，但是依据历年来的努力，语体文的勃兴终一发而不可遏止。胡适的《历史的文学进化论》说①：

文学革命，在吾国史上非创见也。即以韵文而论，三百篇变而为骚，一大革命也。又变为五言七言，二大革命也。

① 说　底本作“是”，据文意改。

赋变而为无韵之骈文，古诗变而为律诗，三大革命也。诗之变而为词，四大革命也。词之变而为曲，五大革命也。何独于吾所持革命论而疑之？[1]

又作《建设的文学革命论》说：

中国将来的新文学用的白话，就是将来中国的标准国语；造中国将来的白话文学的人，就是制定标准国语的人。

蔡元培在《国文之将来》一文中也说：

白话是用今人的话来传达今人的意思，是直接的。文言是用古人的话来传达今人的意思，是间接的。间接的传达，写的人与读的人都要费一番翻译的工夫，这是何苦来？

陈独秀也以为："中国文学当以白话为文学正宗之说，其是非甚明，必不容反对者有[2]讨论之余地。"自从"五四"运动以后，

① 胡适《历史的文学进化论》此段原作："文学革命，在吾国史上非创见也。即以韵文而论，三百篇变而为骚，一大革命也。又变为五言、七言、古诗，二大革命也。赋变而为无韵之骈文，三大革命也。古诗变而为律诗，四大革命也。诗之变而为词，五大革命也。词之变而为曲，为剧本，六大革命也。何独于吾所持文学革命论而疑之？"据《胡适学术文集·新文学运动》（P.2）注。

② 反对者有　底本作"有反对"，据《陈独秀著作选编》第一卷（P.338）改。

才立定了口语与文章一致的基础。近五年以来，新文艺也渐渐走上了新的途径，与初期的白话文又截然不同了。当祖国怒吼起来的时候，新文艺也得到了甘雨的淋润而滋长起来，有了不少更切实的收获。至于将来的成就，则要俟来者底努力。但是使文章和语言合为一体，使文章更通俗化而充实其内容，这无疑地是一个当前应努力的目标。

本次整理征引文献

永瑢等:《四库全书总目》，中华书局 1965 年版。

永瑢等:《四库全书简明目录》，上海古籍出版社 1985 年版。

晁公武撰，孙猛校证:《郡斋读书志校证》，上海古籍出版社 2011 年版。

阮元校刻:《十三经注疏》，清嘉庆刊本，中华书局 2009 年版。

杜预集解:《春秋左传集解》，上海人民出版社 1977 年版。

毛晃增注，毛居正重增:《增修互注礼部韵略》，明刻本。

罗愿撰，石云孙校点:《尔雅翼》，黄山书社 2013 年版。

卢以纬著，王克仲集注:《助语辞集注》，中华书局 1988 年版。

司马迁:《史记》，中华书局 1959 年版。

班固:《汉书》，中华书局 1962 年版。

刘向集录:《战国策》，上海古籍出版社 1985 年版。

沈约:《宋书》，中华书局 1974 年版。

李延寿:《南史》，中华书局 1975 年版。

刘昫等:《旧唐书》，中华书局 1975 年版。

欧阳修、宋祁:《新唐书》，中华书局 1997 年版。

脱脱等:《宋史》，中华书局 1977 年版。

刘知幾撰，浦起龙释:《史通通释》，上海古籍出版社 1978 年版。

赵尔巽等:《清史稿》，中华书局 1977 年版。

孙诒让撰，孙启治点校:《墨子闲诂》，中华书局 2001 年版。

沈啸寰点校:《庄子集解　庄子集解内篇补正》，中华书局 1987 年版。

王先谦撰，沈啸寰、王星贤点校:《荀子集解》，中华书局 1988 年版。

刘文典撰，冯逸、乔华点校:《淮南鸿烈集解》，中华书局 2013 年版。

刘向撰，向宗鲁校证:《说苑校证》，中华书局 1987 年版。

黄晖:《论衡校释》，中华书局 1990 年版。

杨伯峻:《列子集释》，中华书局 1979 年版。

杨衒之撰，周祖谟校释:《洛阳伽蓝记校释》，中华书局 2010 年版。

萧绎撰，许逸民校笺:《金楼子校笺》，中华书局 2011 年版。

王利器:《颜氏家训集解》，中华书局 1993 年版。

王谠撰，周勋初校证:《唐语林校证》，中华书局 1987 年版。

沈括撰，金良年点校:《梦溪笔谈》，上海书店出版社 2009 年版。

孔凡礼点校:《师友谈记　曲洧旧闻　西塘集耆旧续闻》，中华书局 2002 年版。

王楙撰，储玲玲整理:《野客丛书》,《全宋笔记》第六编第六册，大象出版社 2013 年版。

洪迈撰，孔凡礼点校:《容斋随笔》，中华书局 2005 年版。

黎靖德编，王星贤点校:《朱子语类》，中华书局 1986 年版。

陈善撰，查清华整理:《扪虱新话》,《全宋笔记》第五编第十册，大象出版社 2019 年版。

白珽撰，金少华点校:《湛渊静语》,《武林往哲遗著》，浙江古籍出版社 2019 年版。

郎瑛:《七修类稿》，上海书店出版社 2009 年版。

方以智:《通雅》,《方以智全书》，黄山书社 2019 年版。

褚人获辑撰，李梦生校点:《坚瓠集》，上海古籍出版社 2012 年版。

严可均校辑:《全上古三代秦汉三国六朝文》，中华书局 1958 年版。

逯钦立辑校:《先秦汉魏晋南北朝诗》，中华书局 1983 年版。

萧统编，李善注:《文选》，上海古籍出版社 1986 年版。

彭定求等编:《全唐诗》，中华书局1960年版。

郭茂倩编:《乐府诗集》，中华书局1979年版。

唐圭璋编纂，王仲闻参订，孔凡礼补辑:《全宋词》，中华书局1999年版。

张震泽校注:《扬雄集校注》，上海古籍出版社1993年版。

杨明校笺:《陆机集校笺》，上海古籍出版社2020年版。

鲍照著，钱仲联增补集说校:《鲍参军集注》，上海古籍出版社2005年版。

庾信撰，倪璠注，许逸民点校:《庾子山集注》，中华书局1980年版。

陈铁民校注:《王维集校注》，中华书局1997年版。

杨伦笺注:《杜诗镜铨》，上海古籍出版社2019年版。

韩愈撰，马其昶校注，马茂元整理:《韩昌黎文集校注》，上海古籍出版社1986年版。

吴文治等点校:《柳宗元集》，中华书局1979年版。

顾学颉点校:《白居易集》，中华书局1979年版。

郝润华、杜学林校注:《李翱文集校注》，中华书局2021年版。

刘学锴、余恕诚:《李商隐文编年校注》，中华书局2002年版。

李逸安点校:《欧阳修全集》，中华书局2001年版。

洪本健校笺:《欧阳修诗文集校笺》，上海古籍出版社2009年版。

刘成国点校:《王安石文集》,中华书局 2021 年版。

孔凡礼点校:《苏轼文集》,中华书局 1986 年版。

王文诰辑注,孔凡礼点校:《苏轼诗集》,中华书局 1982 年版。

刘攽撰,逯铭昕点校:《彭城集》,齐鲁书社 2018 年版。

徐培均笺注:《李清照集笺注》(修订本),上海古籍出版社 2018 年版。

陆游著,钱仲联校注:《剑南诗稿校注》,上海古籍出版社 1985 年版。

吴文英撰,孙虹、谭纯学校笺:《梦窗词集校笺》,中华书局 2014 年版。

王应麟著,张骁飞点校:《四明文献集》,中华书局 2010 年版。

马振君点校:《王若虚集》,中华书局 2017 年版。

狄宝心校注:《元好问诗编年校注》,中华书局 2011 年版。

慈波辑校:《陈绎曾集辑校》,人民文学出版社 2017 年版。

王季思主编:《全元戏曲》,人民文学出版社 1990 年版。

程敏政:《篁墩文集》,影印文渊阁四库全书第 1252 册,台湾商务印书馆 1986 年版。

归有光著,周本淳点校:《震川先生集》,上海古籍出版社 2007 年版。

袁宗道著,钱伯城标点:《白苏斋类集》,上海古籍出版社 1989 年版。

钱伯城笺校:《袁宏道集笺校》，上海古籍出版社 2008 年版。

王树林校笺:《侯方域全集校笺》，人民文学出版社 2013 年版。

刘季高点校:《方苞集》，上海古籍出版社 2008 年版。

袁枚著，周本淳标校:《小仓山房诗文集》，上海古籍出版社 1988 年版。

钱大昕:《潜研堂文集》,《嘉定钱大昕全集》，凤凰出版社 2016 年版。

钱大昕:《十驾斋养新录》,《嘉定钱大昕全集》，凤凰出版社 2016 年版。

汪中著，李金松校笺:《述学校笺》，中华书局 2014 年版。

阮元撰，邓经元点校:《研经室集》，中华书局 1993 年版。

曾国藩:《曾国藩全集》，中华书局 2018 年版。

王澧华校点:《曾国藩诗文集》，上海古籍出版社 2015 年版。

万陆、谢珊珊、林振岳标校:《恽敬集》，上海古籍出版社 2013 年版。

莫友芝:《黔诗纪略》,《莫友芝全集》，中华书局 2017 年版。

梅曾亮著，彭国忠、胡晓明校点:《柏枧山房诗文集》，上海古籍出版社 2020 年版。

刘开:《刘孟涂集》，清道光六年姚氏檗山草堂刻本。

王佩诤校:《龚自珍全集》，上海古籍出版社 1999 年版。

梁小进主编:《郭嵩焘全集》，岳麓书社 2012 年版。

黄遵宪著，钱仲联笺注:《人境庐诗草笺注》，上海古籍出版社 1981 年版。

蒋春霖撰，刘勇刚笺注:《水云楼诗词笺注》，上海古籍出版社 2011 年版。

刘勰著，黄叔琳注，李祥补注，杨明照校注拾遗:《增订文心雕龙校注》，中华书局 2012 年版。

钟嵘著，曹旭集注:《诗品集注》，上海古籍出版社 1994 年版。

计有功辑撰:《唐诗纪事》，上海古籍出版社 2013 年版。

陈新点校:《冷斋夜话　风月堂诗话　环溪诗话》，中华书局 1988 年版。

王利器校点:《文则　文章精义》，人民文学出版社 1960 年版。

魏庆之著，王仲闻点校:《诗人玉屑》，中华书局 2007 年版。

袁枚著，顾学颉点校:《随园诗话》，人民文学出版社 2006 年版。

孙梅著，李金松点校:《四六丛话》，人民文学出版社 2010 年版。

何文焕辑:《历代诗话》，中华书局 1992 年版。

丁福保辑:《历代诗话续编》，中华书局 2006 年版。

余祖坤编:《历代文话续编》，凤凰出版社 2013 年版。

章学诚著，叶瑛校注:《文史通义校注》，中华书局 1985 年版。

俞樾等:《古书疑义举例五种》，中华书局2005年版。

陈澧著，钟旭元、魏达纯点校:《东塾读书记》，上海古籍出版社2012年版。

程毅中校注:《宣和遗事校注》，中华书局2022年版。

吴敬梓著，张慧剑校注:《儒林外史》，人民文学出版社1958年版。

梁启超:《清代学术概论》,《饮冰室合集·专集》之三十四，中华书局1988年版。

刘师培著，舒芜校点:《中国中古文学史　论文杂记》，人民文学出版社1984年版。

鲁迅:《中国小说史略》,《鲁迅全集》第九卷，人民文学出版社2005年版。

姜义华主编:《胡适学术文集·新文学运动》，中华书局1993年版。

任建树主编:《陈独秀著作选编》(第一卷)，上海人民出版社2009年版。

叶楚伧主编:《初级中学国文》(第一册)，正中书局1935年版。